居住福祉業書①

居住福祉産業への挑戦

鈴木靜雄
神野武美 編著

東信堂

居住福祉叢書を推薦！！

＊日本の住環境はなぜこんなに貧しいのか！！
＊住宅の質とは何か、根源から問いかける！！
＊創意と挑戦、地域密着型の居住福祉事業！！

　住宅ストックが過剰といわれてから久しい。しかし景気対策では住宅建設が内需の重要な牽引役とされている。新設住宅はますます狭小化し、都市部では過密住宅地域が広がっている。

　空家が増えても取り壊そうともしない。

　巨大地震の襲来が警告されていても、危険な住宅に籠っている。

　住環境の貧しさにも無関心だ。

　それでいて災害時には救援を求める。

　この居住福祉叢書は、住宅産業のスローガン「量から質へ」が空洞化している根本的複合要因を鋭く指摘した論考を編纂したものである。特異なのは、住宅、マンション供給業者が自ら建設してきた住宅の貧しさを悔恨し、その反省を踏まえた上で、今後の住宅の「かくあるべし理念」を提言していることである。

　「居住の貧困」に怒っている方には一服の清涼剤となる必読本。

株式会社不動産経済研究所
取締役特別顧問　角田勝司

推薦の言葉

「住宅産業界と学会が向き合って、新たな方向性を示す画期的な一冊である」

　本書は住宅産業の新たな可能性を、実際の事例を通じて指し示している。そもそも「居住福祉」とは何か。

　この言葉は、平成バブル崩壊の影響がまだ色濃く残る1993年頃、金融危機に伴う企業倒産や派遣切り、格差社会の深刻化など、当時の暗い世相を打開する一つの居住概念として生まれた。人の営みの基盤は住居にあり、住居の貧困の解消を第一とする居住福祉の考え方と、少子高齢化、人口減少社会へ転換する中で、景気の波に翻弄され続ける住宅産業がその将来を構想するとき、住宅産業に居住福祉思想を取り入れた新しい概念・ビジョンとして「居住福祉産業」へ国の政策も転換が必要である。

　業界も従来型の住宅産業の殻を破る時がきた。両者は切り離せない相互に補完し合う関係であることが浮かび上がる。住宅産業側が取り組んでいる事業の中には、既に立派な社会的事業として問題解決の一端を担っているものもあるが、今、景気回復期待が高まっているこの時、住宅産業は本来、景気に翻弄されるものではないことも改めて教えてくれる。

住宅新報社『住宅新報』
編集長　柄澤　浩

居住福祉叢書の刊行に当たっての提言

日本居住福祉学会会長　早川和男

　2011年3月の東日本大震災と福島第一原発の事故は、多くの市民の住居や生業、地域社会の生活基盤を根こそぎ奪い去った。市民は「故郷を失う」という将来への言い知れない不安と苦しみに直面している。ところが、日本の政治・社会は「デフレ脱却＝景気浮揚」といった経済成長追求の論議に熱中している。「経済が成長すれば問題が解決する」という観念に支配され、被災地再興への関心は薄く、原発事故への反省も聞かれないのが現実である。

　日本では、高度経済成長時代でも、多くの市民が低質・欠陥住宅や、高い家賃や重い住宅ローンの負担などの「居住の貧困」に苦しめられてきた。いじめや家庭内暴力などの精神の荒廃にも、こうした問題が反映している。住宅の建設は、市民の「居住を保障する」ためではなく、景気浮揚＝経済成長の手段とされてきたのである。

　今日の失業、格差拡大、貧困、そして膨大な財政赤字の発生は、このような経済成長追求型の思考と方法の限界を示している。人間不在の現状を改善するには、こうした固定観念から脱却し、"生存と幸福の基盤としての居住の保障"に真っ直ぐ向き合う「居住福祉社会」を構築しなければならない。

　「居住福祉叢書」は、その基本的要件、実現目標、道筋を多面的に追究し、日本社会のパラダイム転換を目指すものであり、次のような課題と目標を提起したい。

1　人間にふさわしい居住空間を形成する主体となる制度、社会システム、教育などのあり方を、市民自らが追究し、それらに資する社会システム、

技術、自然などの「居住福祉資源」を発見し評価すること。
2　日本国憲法が定める幸福追求権（第13条）に立脚し、政府、企業、市民その他の責務を明らかにし、行政の政策、企業の経営理念や方針、市民や専門家が取り組むべき課題を提起し、「居住福祉法」制定や「居住福祉省」設置など、根本的な行政改革を実現させる道筋を検討すること。
3　当面の具体策として、最大の居住ストック保有者である都市再生機構（UR）は、居住困難の解消、大災害といった有事の際の機動性など、その活動範囲を拡げ、現代社会の要請に応え得る明確な目的意識と公共性を具えた「居住福祉公団」に改める。
4　住宅・不動産業を「居住福祉産業」に転換させるとともに、韓国にならい、「居住福祉・社会的企業」による「社会的弱者層の雇用創出」制度の導入を早急に図ること。
5　高齢者や障害者が社会的入院などではなく、「在宅」または「地域内居住」といった環境で暮らせるようにするなど、居住に関する諸課題に対し、的確なマネジメントを行う人材を育成する国家資格の「居住福祉士」制度創設のための教育制度をつくること。

　研究者や不動産・住宅業界だけでなく、多くの市民、当事者が「日本列島居住福祉改造計画」の議論に参加し、「居住福祉社会」の実現に行動することを期待する。

```
┌─────────────────────────────────────────────────────────┐
│              「居住福祉叢書」編集委員                    │
│                                                         │
│   編集主査  神野  武美  フリーライター・元朝日新聞記者  │
│   編集委員  早川  和男  神戸大学名誉教授                │
│             大本  圭野  生命地域研究所代表・元東京経済大学教授 │
│             岡本  祥浩  中京大学教授                    │
│             野口  定久  日本福祉大学教授                │
│             山口  幸夫  日本社会事業大学准教授          │
│             全    泓奎  大阪市立大学准教授              │
└─────────────────────────────────────────────────────────┘

　次巻以降には、先進的な高齢者福祉施設である「きらくえん」(兵庫県)の活動(市川禮子理事長)や、日本社会事業大学の山口幸夫准教授による、東日本大震災の復興における年中行事の意義などを論じた『地震災害と居住福祉』(仮題)、中京大学の岡本祥浩教授の編著で、愛知県の「ゴジカラ村」などの実践をもととする『つながりを生かして暮らす』(仮題)など、逐次刊行していく予定です。
```

居住福祉産業への挑戦／目次

居住福祉叢書の刊行に当たっての提言
……………………………………日本居住福祉学会会長　早川　和男…v

序　章　新しい日本国土再生にむけ、居住福祉産業へ転換せよ
……………………………………日本居住福祉学会理事　鈴木　靜雄…3
　　──東日本大震災で浮き彫りになった住宅産業の本質・使命──

第1章　女性が創る居住福祉……………………………………11
1　社員は会社でなく「地域」に出勤せよ
………………………………………大里綜合管理　野老真理子…12
　　──社会貢献・社員教育・販売促進が一体化した居住福祉産業モデル──

2　シェアハウスで未来の「強いママ」を育てる
………………………………………チューリップ不動産　水谷　紀枝…20
　　──部屋を貸すのでなく人間形成を支援する──

3　安心・安全のためのコミュニティ形成
………………………………………大成有楽不動産　石井　裕子…25
　　──子育てする母親支援マンション──

第2章　医療が身近にある住生活……………………………………31
1　"快復に必要なのは環境である"
………………………………………ドムスデザイン　戸倉　蓉子…32
　　──私の使命感に火を付けたナイチンゲールの言葉──

2　マンションを「終の住まい」とするために
………………………………………イノーヴ　佐々木道法…39
　　──ナースを管理人に・居住福祉の理念から──

第3章　コミュニティと子どもを育むマンション・ライフ………45

1　噴出する社会問題は住宅産業が犯した犯罪
　　　　　　　　　……………………………リブラン　鈴木　雄二…46
　　──社会問題解決は居住福祉産業の使命──

2　喪失した感性を回復させる都心住空間づくり
　　　　　　　　　…………………………アスコット　加賀谷慎二…52
　　──人間再生・感受性再生がわが社の使命──

3　持続可能な、人間的生活支援賃貸経営
　　　　　　　　　……………………………不動建設　山本　仁二…58
　　──ガレージングマンションという価値観の共有で強力なコミュニティ形成──

第4章　地域産業としての住宅づくり………………………69

1　居住福祉型住宅地の実験………ポラスグループ　中内　啓夫…70
　　──埼玉県とコラボ、子育て建て売り第一号認定──

2　家族を幸せにする住宅づくりこそ社会を支える基盤となる
　　　　　　　　　………………………ビーバーハウス　川野　悠一…77
　　──入居した後が地場産業我々の仕事が始まる──

第5章　居住福祉の支援システム……………………………85

1　生活保護受給者に向けた食事付きアパート経営
　　　　　　　　　……………………………アーバン新富　南　高夫…86
　　──弱者への支援・社会的企業を目指して──

2　高齢者・障害者・被災者向け住宅情報ネットワーク
　　　　　　　　　………………………板橋住建協会　中村勝次…91
　　──安心支援ネットワークの先進的事例──

3　復興は500万円からの「本住まい」で
　　　　　　　　　……………………………藍設計室　鯨井　勇…94
　　──防災のまちづくりに取り組んできた建築家の軌跡──

4 　不動産信託の活用による古民家再生
　　　　　………大阪不動産コンサルティング事業協同組合　米田　淳…105
　　　　——「金融の地産地消」システム構築を——

終　章　時代が変わった、と認識しよう
　　　　…………………………日本居住福祉学会理事　神野　武美…121
　　　　——柔らかい視線で見る経済と社会——

　　執筆者/執筆会社・団体一覧 ……………………………………… 134

居住福祉叢書①

居住福祉産業への挑戦

序　章

新しい日本国土再生にむけ、居住福祉産業へ転換せよ
——東日本大震災で浮き彫りになった不動産業の本質・使命——

　　　　　　　　　　　　　　　日本居住福祉学会理事　鈴木靜雄

日本居住福祉学会と住宅業界の有志は、2009年の法政大学での記念フォーラムを皮切りに現代の住宅産業の問題点を検証し、人の暮らしの場である住宅を何処へ導けばよいのか討議を重ね、「居住福祉住産業」という新しい住宅産業へ転換することが、「景気産業と化した住宅業界や現代の住宅群」を再生することに繋がると、一つの方向性を示した。

　本書は、この新たな方向に共鳴した現役の住宅産業界のトップマネジメントが、具体的に進めている居住福祉の実際およびその提言を掲示したもので、歴史上画期的な取組みと言えよう。

　まさにこの時に当たり、東日本大震災が起きた。

　津波に流され倒壊する家屋を報道で見聞きし、被災地にお伺いしその実態を知った。景気産業化した住宅産業がもたらす弊害が垣間見える出来事だった。この体験は我々の志向に大きな影響を与えたことは間違いない。

　今、様々な政策が実行され、被災地を再び人の住む豊かな暮らしを取り戻すべく復興への準備が進んでいる。しかし現代の住宅産業の問題点を検証してきた我々は、復興へ向けた「住宅政策は無策」であり、このままでは戦後における「住宅の思想」の弊害は変えられないと思っている。

　改めて、東日本大震災で亡くなられた方々、未だ行方不明の方々、被災地の皆様に謹んでお見舞い申し上げるとともに、この提言が復興後の東北、日本全国での豊かな暮らしを育む「新しい住文化」を創造する機会となり、国民一人一人のかけがえのない人生がより輝く一つの糧となることを期待する。

1. 景気産業化した住宅政策の末路・社会問題噴出

　戦後の復興から、高度成長期へと移行する日本経済の発展は目を見張るものがあった。東京圏への移住政策は進み、その旺盛な住宅需要を満たすべく住宅業界が果たした役割も大きい。それは確かに高度成長の牽引車であった。

　しかし一方では壊してはならない文化を破壊してきた経緯もある。住宅を

基盤とした日本人の暮らしや家族の在り方は様変わりし、それに伴い教育の在り方も大きく変わった。

　高度経済成長はエンジンに住宅産業を用いたが、もし戻れるなら住宅産業従事者が日本の住宅はかくあるべきと、人の暮らしや心豊かな社会を構築することを学んでから始めるべきだったと感じる。此処が現代社会の諸問題の要因の一つであることは間違いない。

　今こそ戦後の日本住宅史を総括し、経済、政治、行政、教育、企業、社会等について見詰め直し、新たに組み立て直す機会とし、人間とは、社会とは、日本人とは、国とは何かを考える機会としたい。

　以下、検討すべき社会問題を項目別に掲げてみたい。

(1) 基本的人権の尊重の否定

　　住宅は人間生存の基盤であり基本的人権であるにもかかわらず、政府の政策には住思想が欠落している。高度成長期から現代にかけて積み重ねられた大量の住宅ストックは、外観は立派だが只のシェルターに過ぎず、人間の健康を真に検討したものではない。

(2) 子育て環境の劣悪化

　　都市では建築物の高層化や狭小住宅群等や土地価格高騰や相続納税により、土地活用密集度は高くなり、子どもの外遊びの居場所が消え、子どもの体力・精神・生きる力の欠如に繋がった。

(4) バラバラにされた家族の絆・家族の崩壊

　　戦後供給された住宅は、形は住宅だが、思想なき只の箱・シェルターに過ぎない。核家族化による狭小化住宅、ワンルーム増産では家族が構成できない。

(5) 超高層・大型集合住宅の台頭

　　都心ならまだしも、郊外へ、郊外へと効率を求めて超高層化、人間の住める限界の樹木の高さ7階をはるかに越える。雲の上の雷か鳥か仙人の住処ならまだしも、子育てに不適、家族は住めない。情緒不安定かつ体力弱体化、ヨーロッパでは既に解体されるか難民収容所になっている。

(6) 高齢者・障害者に対する配慮が全くない住みにくい住環境・まち環境

(7) 抹殺された人々の価値観・生きがい・個性・ライフスタイル

　ワンパターン、画一的な分譲、賃貸マンションの乱立、人それぞれの生きがい、人を生かす思想がなかった。

(8) 地域（町会）コミュニティーの崩壊

　地域との連携は分譲住宅5割以下、賃貸住宅1割以下、行政にも見放され、外観や管理が立派でも地域と連動していなければ防災・防犯・インフルエンザ流行などいざというときに孤立化し、住居とはいえない。陸の孤島と同じ、基本的人権無視。地域コミュニティーがいかに大切かは東日本大震災みてしかりである。

(9) 住宅内外の人工化

　自然素材、自然のものは全くないビニール空間。身体も精神も崩壊。

(10) 自然環境の破壊

　乱開発で都市はコンクリートジャングル化している。

(11) 地域の伝統・文化、気候風土を無視した住環境

　全国各地域にはそれぞれ全く違う暮らしがあるのに、全国に画一的団地、ハウス55、分譲マンションなどの箱的住宅をバラまいてきた。

(12) 人間性を無視した囲い込み集合住宅の大量生産

　病院、養護施設、高齢者認知症住宅などと同じく効率化、囲い込みされている。人間開放が必要。

(13) 健康と安息の喪失

　ホルムアルデヒドとアスベストには対応が始まった。しかし住居は人間・家族の心身の健康と日々の安らぎの基盤である。こころを育めない人工素材、思想なき住居とまち環境により、感受性微弱症状という病に犯される。住まいと健康の関係性はもっと深い。国交省で数年前からは健康維持増進住宅研究会が発足している。ナイチンゲールは200年前に「病の半分は住環境にある」と断言している。

(14) 政府推進の団地・ベッドタウンの悲劇

　ライフサイクル対応でないため、高齢化のうば捨て山化、思想欠如により住原病が発生して子どもたちの登校拒否、校内暴力が発生。

(15) 政府・民間賃貸住宅の悲劇

　　賃貸住宅は持ち家より更に悪質、効率追求で人間・家族の基本的人権を無視、行政からも地域から見放され陸の孤島化。

(16) 人々が(社会的弱者)暮らしかつ住む、安心・安全の保証がない

　　ようやく埼玉県が日本で4番目に住まい安心支援ネットワークを開設。

(17) 日本から日本人が消失

　　何千年と続いてきた日本の気候、風土、宗教、暮らしの中で培われた住居と、その住居から育まれた日本人なのに、日本建築・日本の住居をかなぐり捨て、外国から材料を輸入し、日本人には適合しない外来住宅を乱造、その結果日本から日本人、人間が消滅した。

2. 見失ってきた住宅産業・住まいの本質とは

　私たち住宅産業の本質は、住宅その物に価値があるのではなく、これらの問題が住宅と深い因果関係にあることに目覚め、住宅本来の価値・目的へ転換しなければならない。

　2011年3月、国は住生活基本法を改正した。その理念には「住まいは人間の肉体・精神を育み守り、人それぞれの個性・生きがいを実現、安全、安心、環境、福祉、文化の側面から社会生活を支える拠点である」とある。

　全国に先駆けて埼玉県は2011年1月に、「埼玉県住まい安心支援ネットワーク」を傘下の市町村と我々業界とで立ち上げた。これは、子育て、外国人、肉体や精神障害者、高齢者、低所得者など住宅確保要配慮者(住宅セーフティー法)の住居を支援するものである。

　また、同年5月に大阪で関西圏居住福祉円卓会議を開催した時に、韓国から居住福祉課長他数名が参加した。既に韓国では数年前から韓国全土に支援センターが作られており、社会性を追求し具体的に事業をしている企業は「社会的企業」として認定を受けているそうである。一般社団法人と公益法人に分類されるのと類似しており、日本よりも一歩先行しているようである。

我々も被災地の皆さんの住まいが破壊され、消失し、町が廃墟と化した有様をテレビ報道等で見て、長く業界に携わりながら気がつかなかった人間・家族・地域にとって「住まいがいかに生きるためのかつ社会的基盤」であるかその重さを再認識させられた。

今、国や自治体の住政策が居住福祉的方向に動き始めている。変化する動きを捉えて、これらの社会問題が住宅産業の本質目的だとすれば、明らかに戦後の不動産業・住宅産業がもはや終わりを告げていること理解すべきだと思う。

3. 不動産業から居住福祉（住生活）産業への転換

日本社会の再生は憲法、教育基本法、経済、地域社会の自治の再構築、福祉、家族制度の見直しなど様々あるが、新しい日本社会を支える基盤は従来型の画一的、表面的な住宅ではなく、居住福祉思想に基づく住環境こそがその基盤となる。住環境が居住福祉的になれば多くの課題が自己完結でき、国や行政の社会コストも下がり、家族が安心して豊かな暮らしが実現することが可能になる。今こそ、早川和男・日本居住福祉学会会長が唱える「日本列島居住福祉改造計画」を推進する時期と受け止めてほしい。

不動産・住宅業界は戦後何度となくバブルとその崩壊を繰り返し貴重な民間エネルギーを消耗してきた。今日、業界は最悪な状態にあり、いまだに出口が見えていない。積み上がった社会資本や住宅群は一見鮮やかに見えても、国の住宅政策に思想がないままに乱造されたものであり、人間と住居の本質から見ればこの社会資本は廃墟に等しいと言える。

日本全体を見渡せば、被災地以外は一見豊かに見えるが、居住福祉の物差しで見れば被災地と同じ瓦礫の山でしかないのではないだろうか。震災の復興と並行して、日本列島全体の居住福祉改造計画を進めなければならない。居住福祉のスタンスに立ってみると、日本には大量のシェルターはあれど、住居はなく、戦後の焼け野原と何ら変わりなく、真の住居を創りだす必要があるという意味では、目の前に何十兆円という市場が広がっているのだ。

4. 居住福祉学会と業界が一体となり理念から実践へ

　居住福祉思想を訴え続けた日本居住福祉学会と、リーマンショック以来「不動産業から居住福祉産業への転換」を訴えてきた不動産業界はここ数年、幾度かシンポジウムを開催してきた。居住福祉理論はなかなか不動産業界には理解し難い一面があるが、少しでも住宅産業の社会性を追求しようとしている数々の不動産会社に、その事例を発表してもらう形式で円卓会議を全国で展開してきた。

　デベロッパー・仲介・賃貸・管理・公的住宅・ハウスメーカーなどが居住福祉に転換した時に、果たして経営方針は、事業は、商品は、サービスは、どう変化していくのかを事例発表と合わせて議論し模索してきた。ただし、法律や規制解除、税制などは抜きで、自らがその意志さえ持てばチェンジできる範囲に議論を絞ってきた。

　2009年の法政大学を皮切りに「安心できる住まいをどうつくるか、住宅産業から居住福祉産業へ」をテーマに日本居住福祉学会と住宅産業再生フォーラム主催で記念フォーラムを開催した。一過性の線香花火でなくこれを機会に、継続して円卓会議方式で啓蒙活動することになったのである。

　その後、東京・板橋区で2010年秋に「首都圏居住福祉産業円卓会議」を20社の事例発表を中心に開催し、翌年11年には会場を明治記念館に移して二回目が開催された。また、同年5月には「関西圏居住福祉産業円卓会議」が大阪で、社団法人大阪住宅産業協会、住宅産業再生フォーラム、日本居住福祉学会の共催で地元の社団法人大阪府宅地建物取引業協会の協力のもと、盛大に開催された次第である。更に、明治記念館では二回目の円卓会議が開催され、人間生活に一番身近な看護師、障害者支援、神社の宮司、子育てやホームレスを支援する担い手らと不動産業界が居住福祉産業を模索してきている。

5. 居住福祉政策へ転換でアジアの再生へ

　次いで2011年10月には、韓国晋州市で日中韓国際会議が開催され、「居住と持続可能な発展」というメインテーマをもとに、サブテーマとして、①高層住宅と居住環境（不動産経済研究所代表取締役・角田勝司氏）②老朽居住地の再生問題（日本居住福祉学会事務局長・全泓奎氏）③エネルギー節約型居住地開発（リブラン常務取締役・渡邊一弘氏）」の報告について、議論が行われた。

　これまで首都圏や関西圏で行われた居住福祉産業円卓会議では25社が事例発表を行っている。居住福祉思想を持つ不動産企業が25社から250社に、更に2500社に拡大され、今こそ、東日本大震災を契機に、国の住宅政策として居住福祉法を成立させ、そこに軸足をおき、業界もスタンスを社会性企業にチェンジし、バブル崩壊の繰り返しから脱却して、住宅産業は社会運動体である使命に目覚め、この日本の国土を再生するために、誇り高き我が天職を全うしなくてはならない。

第1章

女性が創る居住福祉

1　社員は会社ではなく「地域」に出勤せよ
　　──社会貢献・社員教育・販売促進が一体化した居住福祉産業モデル──
　　　　　　　　　　　　　　　　　　　　　　　　　　大里綜合管理

2　シェアハウスで未来の「強いママ」を育てる
　　──部屋を貸すのでなく人間形成を支援する──
　　　　　　　　　　　　　　　　　　　　　　　チューリップ不動産

3　安心・安全のためのコミュニティ形成
　　──子育てする母親支援マンション──
　　　　　　　　　　　　　　　　　　　　　　　　　大成有楽不動産

1　社員は会社ではなく「地域」に出勤せよ
――社会貢献・社員教育・販売促進が一体化した居住福祉産業モデル――

大里綜合管理　野老真理子

　大里綜合管理は、九十九里浜の中央にある千葉県大網白里市（2013年1月1日市制施行）の不動産の取引と仲介、住宅建築、管理業の三つで構成されている会社である。私は経営者になって19年目（2013年現在）。管理業は、土地神話の時代に土地を買った約8500人の「不在地主」の所有地を管理するのが仕事である。

　社員は30人、売上げは年商5億円ぐらいでウロウロし、一度も赤字を出さずに何とかやってきたが、会社の基本方針として「社会的責任を果たす」を掲げてきた。それは、仕事になるとか、お金になるとかではなく、目の前にいる大事なお客様や地域の方々が困っていることに対して、会社として何ができるのかということである。それを積み上げた結果、現在、220種類の地域貢献活動を展開している。

1.「住民一人一貢献」のまちづくり

　会社の2012年度（2012年4月～2013年3月）の経営計画書は、「創立以来、仕事のできた九十九里地域に感謝し、待ったなしの環境問題や社会問題を真正面から受け止め、この地域における社会的責任ある企業として、豊かなまちづくりの一翼を担います」とうたい、当年度の重点課題として「『住民一人一貢献』を合言葉に、より多くの人たちとの出会いを通して、『語り合いの場』や『活動の場』をつくり支えてきています」と掲げた。その4年前までは「スタッフ（社員）一人一貢献」であったが、それをすでに達成したのに地域には

まだまだ課題が数多く残っている。私たちがもっとできることは何なのかという思いで、打ち出したのが「住民一人一貢献のまちづくり」を支える会社であった。地域の人たちと一緒に活動して新たな地域貢献活動を展開しようというものである。社員もそれに携わることで、いい顔になっていく。地域の人たちから「ありがとう」と言われ、コミュニケーションが生まれるのである。

　活動の原点は1994年7月、私の社長就任から3か月後に始まった学童保育である。当時、この地域には公設の学童保育がなく、小学校が夏休みになると当時小学1年生の長男、憲一のいる私も社員も地域の人も「どうしよう」と困り果てていた。そこで、会社は販売促進費50万円を計上し保育士1人を臨時に雇い、学童保育を始めることになった。2002年からは土曜学童保育（定員20人）を始め、2003年からは平日でも学童保育（定員10人）をしている。2007年からはNPO法人「KBA（キッズ・ビー・アンビシャス）スクール」として運営している。

　当初、東金市の民家を借り社員と地域住民の子約20人で始まった学童保育はその後、大里綜合管理の本社に移転したが、特別の保育室があるわけでも、学童保育の部屋が個別にあるわけでもなく、子どもたちは玄関もトイレも、社員や一般のお客様と一緒である。夏休み学童保育は今でも、子どもら5、60人が会社にきて社員と一緒に朝礼をしている。

2. 商談のすぐわきで学童保育

　2004年に移転した今の本社は、元は大手不動産会社の一戸建てやマンションの販売センターであった。木造2階建て、床面積が上下計約600㎡あるデザイン的に目を引く建物である。学童保育もこの建物の特性を生かした使い方をしている。正面玄関から入ると仕切りのない広い部屋にデスクとテーブルを寄せた「島」が10か所ほどあり、社員はそこに座ってパソコンで事務をしていたり、お客様と商談したりしている。

　平日の放課後はそのわきで、学童保育の子どもたちが、保育士でもある長

男憲一と宿題をしたり、そろばんを習ったり、掃除をしたりしている。そんな光景が日常、ごく自然に見られる。騒いだり仕事の邪魔をしたりする子はいない。ＫＢＡスクールでは「7つの約束」を子どもたちとしているからだ。

① 靴をそろえる
② あいさつをする
③ トイレットペーパーは三角に折る
④ 静かに歩く
⑤ 時間を守る
⑥ 人の話はよく聞く
⑦ なんでもいっしょうけんめいにやる
――である。

　子どもたちは未来のお客様であり、中には就職して当社の社員にもなるかもしれない。実際、学童保育のＯＢとＯＧが1人ずつ今年（2013年4月）当社に入社する。この「7つの約束」は社員同士のルールでもある。何でも一生懸命に、自分たちでやれるだけのことをやってみようとすると、やれることが増えるからである。

3. 社員が駅前で交通整理

　社員は毎朝出勤すると、社内を約1時間掃除する。勤務時間中は1時間おきに自動的に音楽が流れ、千葉県オリジナルの県民体操「なのはな体操」をする。多い人は1日に8回体操をすることになる。運動をすれば体が温まるので省エネ対策（35％節電が目標）と健康づくりの一石二鳥を推進している。

　地域貢献活動の例を挙げれば、ＪＲ大網駅前の交通整理がある。お客様から「この町に引っ越してきたが、駅の周りが乱雑」と言われたのがきっかけだった。「何ができるだろうか」と考え、今では毎日やっている。花植えの活動も増やし、駅をもっと楽しい場所にしたいと、駅でのライブ活動も始めた。駅を出入りするバスやタクシーの運転者さんに声をかけて、1か月に一度、「駅のことを話そう」という会もつくった。

1　社員は会社ではなく「地域」に出勤せよ　15

写真1　社員による交通整理の光景

　当社では10年前から毎月、新聞折り込みで赤いチラシを配っている。表側は「地域貢献活動を一緒にやりませんか」「豊かな町づくりに参加しませんか」という呼びかけで、裏側が「本業の」不動産の広告。今の時代、私たちは心底不安を抱えている。それに対し、正面から「一緒にやろうよ」と言う

写真2　本社2階のホールはワンデイ・シェフのレストランに

ことが大事である。みんなが知り合い、お互いに譲り合い、助け合いすることで、今までできないようなことができて心が豊かになると思う。

本社は今、地域住民の活動拠点でもある。本社が移転する前の2階は資材置き場になっていた。その床に木を張りフローリングにし、調理場を設けて食堂兼ホールに改造した。ここでは、週5回（水、日曜、祭日は休み）、現在15人の料理自慢の住民（主に主婦）が「ワンデイ・シェフ」として、中華やイタリアン、沖縄料理などの腕を振るい、ランチ800円、コーヒー200円の昼食をつくる「コミュニティダイニング大里」が開かれる。

本社1階には、展覧会などを開くギャラリーがあり、社長室だった部屋は「ハンズフル」という、住民の手作り品を販売する棚ショップになっている。賃料は月1000円で60区画だから月6万円の収入だ。ホールや会議室では朝から夜まで、ヨガやエアロビクス、ダンス、英会話、パソコンなどの講座が開かれ、時折、コンサートホールに変身する。

4. 住民活動のサポート役を引き受ける

社員の社会貢献や市民の交流などの活動が、2011年3月11日の東日本大震災時の社員の行動にも影響を与えた。地震発生直後、社員らは一斉に本社から飛び出していった。地震による停電で信号機が止まり、各所で交通の混乱を避けるために交通整理をするためである。それと反対に、他社の社員たちが「大里さんなら何かやると思って」と、本社に駆け込んできた。当社を拠点に、周辺の住民に呼びかけて救援物資を集め、不足していた燃料などを被災地に運ぶといった救援活動を118回も行った。社員5人が新たにマイクロバスの運転免許を取得して11人の社員が交代で運転して87回もボランティアバスを運行し、東北地方に延べ1400人のボランティアを運んだ。

また、ある個人が所有する約3000㎡の雑木林を大網白里市に寄付したが、それをどう管理し、どう生かすのか、が課題となった。住民たちは実行委員会をつくり、その活用を考えるプロジェクトを開始し、2012年秋から雑木林で定期コンサートが開くようになった。本社は実行委員たちの会合の場所

であり、社員1人をそのサポート役にしている。

　不動産業が、きちんと役割を持つことで解決できること、社会に貢献できることはいっぱいある。例えば、本業である不在地主の土地管理も重要な仕事である。当社の管理地は、バブル期にサラリーマンたちがほとんど現地を見ないで投資目的で購入した50坪（約165㎡）程度のものが主である。市街化調整区域に指定されたため開発はほとんど認められない。現在は畑などに使うほかはなく、地価は購入当時の10分の1とか、20分の1とかである。所有者の1割ほどは売却を希望しており、先日も1区画50万円で「お年玉セール」でそれなりに売れたが、売っても損失を覚悟せざるをえない土地がほとんどである。当社は、そうした土地の管理を引き受け、年間1万5千円で年2回の草刈り、年4回の見回りをしている。地主が放置すれば荒廃して地元に迷惑がかかるおそれが大きいが、当社ではスイセンの球根約4万球を新潟から仕入れて管理地に植え、春先にはスイセンの花が咲く。

5. いざという時に行く場所がある

　長期的に見て「全く価値の無い土地」とは思っていない。お客様の「不在地主」には、「いざという時に行く所がある」「100年後を見据えた土地活用」と話すことにしている。将来、東京など大都市圏が大地震などの大災害にみまわれた時、この所有地にテントを張ったり、自力で仮設住宅を建てたりする場所になると思う。この地域は海岸から約12km、標高は10mから12m。周囲は水田や畑、雑木林などが広がり、千葉県では最も住みやすい土地と言われている。そんな将来を見据えて、「不在地主」と地域社会の関係を良くし、また、住民同士の絆も高めておく必要がある。

　例えば、アパートの仲介をする際、重要事項説明書で、家賃を少し下げる代わりにその分を地域の自治会費として充当させてもらい、入居者が自治会に確実に入るようにしている。また、一つの実験ではあるが、あるアパートでは、毎週金曜日の朝6時からラジオ体操をしている。独居の高齢者も含めて必ずトントンとたたき起こされるので、不承不承集まってくる。でも、そ

れが積み上がっていくと、あいさつができる、お互い配慮する、心配もし合う。地域との関係でも、アパートだから何も協力してくれないという状態を補うことができる。

　最近増えている耕作放棄地を借り、水田や畑に再生する「アグリ大里」という生産法人も活動を始めた。開墾して再生させた農地から収穫された米を加工し、米粉にしてパンを作る試みもしている。そこには、薬物依存からの更生を図る人たちが5人ずつ治療目的で農作業を手伝いに来ている。現在、彼らに賃金は支払っていないが、その代わりに昼食を提供している。収穫高が上がれば、畑でとれた作物を持って帰ってもらうつもりである。引きこもりの若者も雇い、今は草刈り作業の大事な戦力となっている。当初はアパートまで迎えに行くなどしたが、約3年かけて自分から仕事に出てくるまでになった。今では定時制高校に通っている。

6. 不動産業は素敵で大切な仕事

　この地域で企業が長く生き続けるためにはどうすべきなのかを考えると、お客様に支持され、社員に支持され、それに地域住民に支持されることの三つだと思う。逆に、おかしい、不思議だなと思うことが四つある。

　一つは、不動産業はすごく素敵で大切な仕事なのに、世の中の人たちから、うさん臭く思われていること。

　二つ目は、女性で社長ですよと言っていても、かっぷくのいい男性社員が隣にいるとそっちに名刺を持っていく人がいること。

　三つ目は、地方は緑が美しくすごく豊かなのに、なぜ「都会じゃない」みたいな評価がされるのか。

　四つ目は、小さいこと。なぜ、大きい会社は信用があり、小さいのは信用がないのかである。人が生きていく上で、この四つをひっくり返してみたいと思う。

　社長就任当時と比べ、当社の規模はほとんど変わっていない。従業員20～30人である。大きくなれば、収益を増やすことをもっと重視せざるをえ

なくなるので、地域社会で社会貢献活動をしていくにはこれくらいが適正規模なのかもしれない。

7. 今はパラダイムチェンジの時

　私は、不動産・住宅産業は本来、人間産業・社会的企業でなくてはならないと思っている。業界、いわゆるこちら側には真実はなく、真実・課題は地域の中にあり、我々住宅産業人は地域の社会問題が住居、住環境に深く関わっていることを受け止めなければならない。全社員は会社でなく地域に出勤しなくてはならない。地域に出て社会貢献をすれば、今まで見えず勘違いしていた、住宅産業の本質と問題点がハッキリと見えてくる。会社内には何もないのである。住環境の価値・本質は住宅そのモノにはなく、人々の暮らし、目に見えないものに我々の目指すべき住まいの本質・価値がある。東日本大震災の廃墟を見ればそのことが一目瞭然である。

　地域は今様々な社会問題を抱えている。子どもたちの生きる力・身体や精神の弱体化、家族やコミュニティーの崩壊、住環境の人工化、人それぞれの価値観・個性を発揮できないなどなど、ほとんどが戦後、急ぎ過ぎた思想無き住環境に原因があるといっても過言ではない。

　どうやらパラダイムチェンジの時がきたようである。従来から正しいと思って頑張ってきた会社を一度ゼロから見直す時だと思う。時代は不動産業から居住福祉（住生活）産業に変わらねばならない。

　最後に、よく皆さんから私どもで行っている社会奉仕は採算がとれないのではと質問されるが、根本的に違うと思う。まず社員が主体的にいきいきと生きることが大切であり、地域と一体になった社会奉仕は社員教育そのものであり、即販売促進でもある。そこには経営の本質、不動産・住宅産業の本質がある。これらは一体のものだと確信している。

2　シェアハウスで未来の「強いママ」を育てる
―部屋を貸すのでなく人間形成を支援する―

チューリップ不動産　水谷紀枝

　当社はシェアハウス管理会社である。「シェアハウス」という住居形態は現在の若者に必要な住まいであり、キッチンやトイレ及び風呂場、リビングを共同で使いながら各自の個室や個人スペースを持つ昔の下宿とよく似た形態を持っている。かつては、「ゲストハウス」と呼ばれていたが、「外国人向け」と誤解されかねない。そこで私は2002年の起業当時から、「分かち合う家」という意味のシェアハウスという言葉を使い始めて、現在は、一般的にそう呼ばれるようになった。欧米では、「フラットシェア」と呼ばれ、多くの若者が住んでいるが、その方法は、一部の入居者が音頭を取り、同室希望者を募るというのが一般的であり、業者が入居者を募集するのは日本独特のやり方である。

写真1　シェアハウスのアプリビング

1. 小さな成功体験を積み重ねる「器」

　下宿と違うのは、そこに家主が生活を共にしないところであり、多くのシェアハウスでは管理専門業者がきめ細かいサービスを提供している。基本的には、礼金も仲介手数料もなし、家庭電化製品や家具類も全て備え付けられており、身一つで入居が可能であり、入居の初期費用を非常に低く抑えるのができるというのが、若者らの魅力となっている。

　ちなみに当社は現在、東京都区内の西部や北部に20棟、約270ベッド分の物件を管理している。女性専用で学生もあまり入れないため、入居者のほとんどを20歳代、30歳代の社会人が占め、全体の約9割が地方出身者である。

　今の20歳代、30歳代は、正社員の職に就けず、仕事人としてのマナー、スキル、問題解決能力向上のトレーニングを受ける機会もない人が多い。そのために、より良い職に就くチャンスも必然的に少なくなるという悪循環に陥るケースが沢山ある。彼らや彼女たちはこのままではまったく自己投資やスキルアップをする余裕も得られない年収300万円以下のままで40歳代を迎えてしまうかもしれないという不安を常に抱いている。そんな中で、将来ママとなり子どもを育ててゆく女性たちを住居の面からサポートし、強いママになるよう応援するのがチューリップ不動産の仕事だと考えている。

　他府県から職を求めて上京した時、便利な立地で安くて清潔で引っ越しの初期費用も10万以下で済む住居が提供できれば、彼女たちの少ない手取りの中でも金銭的、時間的な余裕が生まれ、それを刹那的な消費に費やすのではなく自己投資に回せるのではないのか。将来的に自信と経済力を手に入れて欲しいというのが願いである。女性が経済力を持てば女性の発言権も増す。そうなれば、女性が暮らしやすい社会になり、女性が暮らしやすい社会は子どもにとっても快適な社会のはずである。そのためにはまず、女性が小さな成功体験を一つでも持ち自信をつけることが重要である。

2. 同じ境遇の仲間と情報交換

　上京し、知り合いない時期は孤独で不安であり、職場と自分の部屋との往復のみになりがちである。仕事以外の活動をしようにも、生活費を稼ぐのが精一杯という経済状況下ではその余裕はなく、孤独と不安から心が折れやすくなってしまう。いわゆる「東京負け」をしてしまう女性も少なくない。もし、そこに同じ境遇の仲間がいて情報交換が出来る機能を持つ安価な住居があったらどうであろうか。不安に負けずに頑張ることができる。頑張ったあとには必ず道が開けてくる。当社がお手伝いできる成功体験とはささやかなことに過ぎない。しかし、上京して良い仲間ができたとか、自分の給料で自立できた、とか、東京の情報を使いこなして充実した時間を過ごした、毎日全力で頑張っている実感を持てたなどは、とても素晴らしい成功体験である。

　難関の資格を取って専門職に就いたとか、社内での営業成績がトップだというような「たいそうなこと」でなくて良い。もちろん、それは飛び上るほど素晴らしいことではあるが、そうでなくても、小さな成功体験をいくつか積み上げていくと、それは大きな自信となる。自分に自信のある人は外部からのストレスに対し、「Ｎｏ」を突きつけることができるが、自信のない人

写真２　ハロウィンで集う入居者たち

は「Ｎｏ」が出来ずに自分の中に貯めこんでいく。そして自分より弱い者のそのストレスをぶつける。そのいちばん卑怯な形の一つが子どもへの虐待である。親から守られ、愛情を沢山受けた子どもが大人になればその大人は人に愛情を与え、弱者をいたわる社会ができるのではないか。そんな社会に少しでも近づくために、当社ができることは女性専用シェアハウスの運営を堅実に、そして心を込めて続けることだと思う。

3. 人間関係のメンテナンスが肝心

　私はもともと、不動産会社に勤務していたが、出産後に退社して、「ママの副業」のつもりで始めたのがシェアハウスであった。当初は営業力も資金もないため、オーナーから借りてそれをまた貸しをするサブリースが中心だったが、現在は、オーナーからの物件の管理委託と、シェアハウスへの改修や運営のコンサルタントが中心である。

　シェアハウスになる物件は一戸建ても共同住宅もあるが、いろいろな事情から「どうにもしようがなくなった」ものが多い。例えば、「オーナーが高齢者施設に入居して一戸建てが空き家になっているが壊したくない。ファミリーに貸したら将来出てもらいにくい」だったり、「ビルを購入したが、昔はオーナーの住居だった上階のワンフロアが広過ぎて事務所用に貸せない」だったり、である。外国人向けの日本語学校だったビルを建築基準法上の用途変更の手続きをしてシェアハウスにしたものもある。それらを「表舞台」に出すのが私たちの仕事である。

　家賃は高くて月額6万円台、個室ではなく仕切りで個人スペースを確保した「ドミトリー」では2万円台もある。シェアハウスへの改修工事は、創業以来10年間余りの試行錯誤で積み上げてきたノウハウに従い、「おしゃれな部屋」にしてもらうのである。女優の部屋のようになってテレビドラマのロケで使われたこともある。

　入居者は共同生活をすることになるが、人間関係のメンテナンスがソフト面の管理業務として肝心である。トラブルになる前にトラブルの芽を断つ

めに、管理する20棟には「目安箱」の電子版のような通報システムを構築し、常に人間関係に気を配り続けている。

4. 実験とフィールドワークを繰り返す

　チューリップ不動産のシェアハウスの住人の生態は様々であり、まさに「ダイバーシティ（多様性）の坩堝」の観がある。演劇を志して上京しアルバイトしながら演劇活動をするといったオーソドックスな生き方の女性もいれば、自分で作ったホームページを利用して様々な広告の宣伝をして報酬を稼ぐアフィリエーター、出勤前の時間に自分を磨く「朝活」の人相手に英語などを教える、インターネットで異性にもてるためのテクニックを教える「モテテク」の活動をしているものもいる。こんな女性らを10年余り見続けて、彼女らが抱える問題に対応していくことは毎日、シェアハウスという「器」の中で実験やフィールドワークを繰り返しているようなものである。入居者とのメールのやり取り一つから不安な心理や本音が見えてくることもある。

　シェアハウスという共同生活では、目覚まし時計の音をどうするのかなど、共同生活をする他の人たちと交渉し、「落としどころ」を見出していかなければならない。そのことを通じて自分を守るテクニックを身に付け、「自立した」「根が張ってきた」という自己承認を得ることができるようになる。同居人と情報を共有することで孤独や不安から解放されることがある。「東京」という空間には確かに情報があふれるほどあるが、身を滅ぼすような危険な要素もある。それらを避け、多い情報を使いこなすようになるには、身近に生のコミュニティがなければならない。

　チューリップ不動産は従業員が全部で5人ほどの小さな会社である。同業他社も増え、大手資本も参入しているが、企業を成長させるといった男性的なビジネスマインドは私には無い。子ども2人の子育ての間に仕事をするといった自営業的で、店子の様子に気を配るといったお母さんが下宿をやっているようなやり方は変えたくない。今後も実験と試行錯誤をしながらチューリップ不動産でなければできないような価値を産み出していきたい。

3 安心・安全のためのコミュニティ形成
——子育てする母親支援マンション——

大成有楽不動産　石井裕子

　当社は大成建設グループの不動産事業を担う会社として半世紀以上にわたり、これまで約3万7000世帯以上の住まいを提供してきた。大成建設グループのものづくりに対する想いやDNAがあるだけに住宅においても深いこだわりを持ち続けている。それは単なる「住まい」だけではなく、「人と家」、「人と街」、「人と人」そんなたくさんの「出会い」を通して、人々のくらしを豊かにしたい、という思いに動かされてきたものである。

　マンションには自分の住まい（専有部）以外に、住人全員の共有資産である共用施設（共用部）があり、そこを活用した「より良いコミュニティ形成」も必要であると思っている。それを実現するためには、人と人との出会い、人と人とのコミュニケーションが活性化するような共用施設（ハード面）とそれと連動したコミュニティ形成支援プログラム（ソフト面）への取り組みを当社は大事にしている。大規模マンションであるためにコミュニティの形成が難しくなる半面、大規模ならではの施設やサービスの充実が可能であるという特性を生かすことが重要である。

1. 働くママの「平日をラクに、休日を楽しく」

　例えば、埼玉県戸田市で入居が進む「グランシンフォニア」は、働くママを支援する「ママサポマンション」を物件のコンセプトとしている。ＪＲ埼京線の戸田公園駅から歩いて約8分の工場跡地約3haにそびえる総戸数923戸の大規模分譲マンションであり、2011年9月に入居が始まった。

写真1　定期的に開催されている「子育て広場」の様子（グランシンフォニア）

　マンションの企画にあたっては、サポートを充実させるために、地元戸田市の働く女性向けにグループインタビューを実施し、また、社内の働く女性の意見を集約した結果、「時間がない、もっと家族とのコミュニケーションを充実させたい」という声が多く、「平日をラクに、休日を楽しくする」というテーマでマンションづくりのコンセプトを決めた次第だ。ご購入者のアンケートによると、「働くママを支援する」と銘打って販売した分譲マンションであるだけに、「働いている女性」が6割を超え、「働いていない」と回答した女性のうち「将来働きたい」と希望する数は8割近くに達している。2011年12月には、埼玉県の「子育て応援マンション」の第1号に認定された。
　「働くママ」の支援は、家事を合理化して子育てや趣味にあてる時間を生み出すための「施設・設備・サービスの充実」と、マンション居住者が参加するイベントを企画したり、交流の場を設けたりしてコミュニティ活動を活発にする「入居者サポート」からなる。
　施設面では、マンション内に定員64人の認可外保育所を設置し、生後2か月から10歳児までの預り対応、一時保育などのフレキシブルなサービス

も提供している。また、雨天や暑い日など屋内で子どもたちが遊べると同時にママ同士の交流の場も兼ねる「キッズ・ママラウンジ」、布団が丸洗いできる大型洗濯乾燥機などを備えた「ランドリーサロン」、土曜午前と夜間の宅配も可能にするネットスーパーとの提携などがある。

2. カフェ・ラウンジが大人気のわけ

　中でも、入居後のアンケートの結果、気に入って利用している共用施設第1位として「カフェ・ラウンジ」が挙がった。専門業者が出店し平日は朝10時(休日は朝7時)から午後5時まで開店し、「パンの種類が多くておいしい」「時間の無いときに簡単に子連れで食事がとれる」と圧倒的な人気を誇る。専有部の設備では、生ごみを家庭内で簡単に処理できるディスポーザや食器洗い乾燥機、室内物干し金物などが好評である。

　入居前のアンケートでは、入居予定者らが最も不安に思っていたのは「近所づきあい」で、50.9％が不安要素として答えていた。働くママにとって平日はあまり近所づきあいができないからであろう。カフェ・ラウンジが好評なのもそうした交流の場や機会を求めた結果と考えられる。事実、大規模な

写真2　「大人気のカフェラウンジ」。子連れでおいしく食事がとれる

マンションでは、そうしたコミュニティが自然発生的にできるのは難しい。そこで、われわれデベロッパーがコミュニティづくりの地ならしとして、入居後1年から2年間にわたり、各種イベントを企画することとしている。

　実施結果で、最も参加率の高かったのは「夏祭り」であり、首都大学東京の安達久美子教授による子育ての相談などがある「子育て広場」、その他「七夕の飾りつけ」、「フリーマーケット」といった順であった。ＮＰＯ法人ファザーリング・ジャパンと連携し、本の読み聞かせやバルーンアートなどを習う「イクメンセミナー」も開いている。首都圏の他の大規模マンション入居者への調査では、マンション内のイベントやサークルに1回以上参加した人の率が42.6％にとどまるのに対し、グランシンフォニアでは入居から1年足らずのうちに76.3％に達している。

3. 震災で高まった「つながり」重視の機運

　コミュニティづくり、地域や近隣とのつながりを重視する機運は2011年3月11日の東日本大震災以降、顕著に高まっているようである。グランシンフォニアでも入居前の2011年5月に開いた入居前交流会には、予想を上回る約100組・300人の契約者が参加。参加世帯の自己紹介の中には「いろんな不安もあり、早く子どもの友達やパパ友をつくろうと思い参加した」という声もあった。顧客の求める安心・安全には、地盤や構造や防災設備というハードのみならず、「つながり」という「心の安心・安全」が加わっていると認識させられた次第である。

　実は、震災当時すでに入居者がいた千葉県習志野市の「ユトリシア」（今後の供給含む総戸数1453戸）では、そういう認識の重要さを証明する出来事があった。余震の続く中で、入居済だった「ユトリシア1番街・2番街」では、ミーティングルームやカフェなど共用施設に、夫が帰宅できなかった妻や子など多世代の方が長時間滞在したのである。ふだんヨガ教室などが開かれているミーティングルームにふとんを持ち込んだ親子もいて、「おかげで不安が解消できた」「お互いに知り合いなので助け合うことができた」といった声が

あった。

　ユトリシアは、専業主婦ファミリーが多数を占めるマンションではあるが、管理会社などと協力して居住者サークルの立ち上げや自主運営への移行を積極的にお手伝いし、人と人が温かな交流を育める仕掛けづくりを行ってきた。その結果、入居わずか2年で、28ものサークルが誕生。共用施設に体育館があることもあり、親子リトミック、バレエ、女児チアリーディングなどの教室や、フットサルなどのスポーツ系のサークルが充実している。

　入居者のパパからは、「子どもが伸び伸びと遊んでいる姿を見ると、幸せを感じる」「ここに入居して、サークルを通じて男同士の飲み友達もできた」などの声も挙がっている。

4. 大規模マンションの特性を生かす

　マンション・デベロッパーの仕事はかつては、居室や共用施設などのハードを提供するにとどまっていたが、現在では、コミュニティサポートや子育てなどライフサポートメニューの提案をするようになっている。大規模なマンションだからこそ実現できる多彩な共用施設は、居住者が様々な活動を通じ、友人や趣味が増え、新しい暮らしの楽しみ方を見つける「場」として機能させていかなければならない。

　震災を踏まえ、当社では防災推進プロジェクトを2011年9月に発足させ、「防災・減災」をキーワードに、いざとなった際の備えや心構え、ご入居後の防災に関するコミュニティ形成のお手伝いなどを中心に、体験を通じて自発的な防災意識を持っていただけるような、防災に関する啓蒙活動も実施しており、ユトリシアやグランシンフォニアにおいては、居住者向けの防災イベントなども開催している。

　かつて、マンションといえば「鉄のドアを閉めれば煩わしい近所づきあいをしないで個人が自由に暮らせる空間がある」という認識すらあった。しかし、時代が変わり、東日本大震災の影響でそうした価値観も大きく変化し、その絆の中で生まれた「つながる、情報交換する、助け合う」という社会ニー

ズの高まりや、「コミュニティも住まいの価値の一部」といった認識を持つ人も増えつつあることは注視すべきであり、これまで以上に、マンション内や地域とのコミュニティ形成のサポートはデベロッパーの重要な仕事であると考えている。

第2章

医療が身近にある住生活

1 "快復に必要なのは環境である"
　　──私の使命感に火を付けたナイチンゲールの言葉──
　　　　　　　　　　　　　　　　　　　　　　ドムスデザイン

2 マンションを「終の住まい」とするために
　　──ナースを管理人に・居住福祉の理念から──
　　　　　　　　　　　　　　　　　　　　　　イノーヴ

1 "快復に必要なのは環境である"
――私の使命感に火を付けたナイチンゲールの言葉――

ドムスデザイン　戸倉蓉子

　現在、私は建築家として病院や住環境づくりに職業としてたずさわっているが、かつて社会に出た時はナースであった。"環境が人をつくる"に気付いて、ナースから建築家の道に進んだ。25年前、慶應義塾大学病院の小児病棟に勤務していた時、担当していた白血病の小学校5年生の女の子が、闘病の苦しさから笑ったことがなかった。ある時、私は彼女の枕元に一輪のガーベラの花を飾ったら「看護師さん、ありがとう」と少女は初めて笑ってくれ、しかも驚くことに血液データも改善したのである。その時、"人は薬や点滴だけでは良くなれない"、"真の快復は心が元気になることだ"と私はハッと気付いた。そして、一輪のガーベラが少女に希望を与えたように、環境が人に与える影響は大きいことを感じた。

　その時、看護学校で学んだ"快復に必要なのは環境である"とフローレンス・ナイチンゲールの教えが重なり、すべての看護師が学ぶナイチンゲールの「看護覚書」には「新鮮な空気」「陽光」「清潔さ」「温かさ」「静けさ」の五つが快復へのポイントとして挙げられている。まさに"環境ではないか"、この看護覚書は今でも私の建築のバイブルとなっており、"環境を整えること"、"環境で人を元気に幸せにすること"が私の使命であると思っている。

　日本人は本来環境とともに生活してきた。季節の足音を敏感に感じながら、暮らしの中に自然と寄り添う知恵を持っていた。木造住宅で、暑さ寒さと共存し、家族団らんを大切にし、礼と人を思いやる心も家庭という単位の中で学び取ってきたように思う。それに比べて、現代は鉄筋コンクリートのマンションで、一年中、快適な空調に守られ、個室化により親と子の結びつきが

薄くなってきた。結果、若者の自殺、高齢者の孤独死、幼児虐待。日本人の大切な"もの"が失われてしまっている。これからの日本をつくるのは、住まいの環境から出発して、住宅と医療施設の双方において環境を整えていくことが必須であると考える。

ここで、居住福祉環境をつくるヒントとなる事例を三つ挙げ、今後の参考にしたいと考えている。

1. 都会で働く女性は疲れている

事例の一つは、賃貸マンションの環境づくりである。2010年1月にオープンした世田谷区経堂にある10戸の賃貸住宅の「キッカ経堂」である。オーナー二代目の安藤氏は、"これからの賃貸業は、従来の店子という発想ではいけない"、"もうオーナーが楽をしてお金が入ってくる時代ではない"と考えている人である。入居者が本当に良い生活ができるように魅力ある賃貸環境をつくりたいと弊社の門を叩いてみえた。

まず、土地探しからスタートした。賃貸では、コンセプトが重要であり、感覚が鋭い女性客の満足が得られれば男性に対しても満足してもらえるはず

写真1　女性が元気になる賃貸マンション「キッカ経堂」

であるとして"女性が元気になるマンション"という言葉をコンセプトにした。都会で働く女性は疲れている。家は、リラックスして明日への活力を蓄える場でなくてはならない。オーナー安藤氏と何度も話し合いながら、私たちは一般女性を集めて率直な意見を交換するという座談会からスタートさせた。

土地が比較的静かで都内への通勤にも便利な経堂に決まり、一つひとつ手造りでマンション計画を進めた。オープン後2年が経過しようとしているが、オープン当初からの入居メンバーがまったく変わっていないのも驚くべきことである。先日、ライターの北村明子さんがこのマンションを訪れ感想を書いてくださったので紹介する。

「"ある大家さんが手がける屋上カフェ"、大家さんなのにカフェ？と思いきや、大家さんだからこその素敵なカフェ。周りには高い建物がなく屋上からは空が良く見える。白いパラソルの周りには、ぐるりと植えられたヤマモモやオリーブ、レモン。くるみやドライフルーツがぎっしりと詰まったアリエッタのパンを頬張りながら夏の空と風に揺れる青い葉を眺めていると、何ともいえず晴れ晴れした気持ちになる。

土曜の朝、まだ少し眠たげな様子を残して一人、また一人と人が集まってくる。Ｃｈｉｃｃａの住人たちだ。この屋上カフェのあるＣｈｉｃｃａは世田谷区経堂にある10部屋だけの小さな賃貸マンション。毎日ここに帰ってくるとき、住人はどんなに誇らしい気持ちでエントランスをくぐるんだろう。どんなにうれしい気持ちでドアを開けるんだろうそう思わずにはいられない。趣味のいいレストランや静かなホテルのように一つひとつ手間のかけられた空間はそこにいるだけで気持ちいいものなんだと実感する。そんなＣｈｉｃｃａの屋上カフェは月に一度オーナーである安藤夫婦によって開かれる。

とにかく一人ひとりが本当に寛いだ様子でパンを頬張り、安藤夫婦と言葉を交わし、満足の笑顔を見せて部屋へ帰っていくのだ。賃貸は仮暮らし。"賃貸だから仕方ないよね""賃貸だからこんなもんだよね"すぐ次の場所

に行ける賃貸暮らしはどこかふわふわしているのかもしれない。それでもそこで暮らす時間は人生の中で掛け替えのない時間。

　もし、Chiccaのような温かい場所で過ごせたら、その時間はきっと、その後の人生をやわらかな光で照らしてくれる。安藤夫妻とChiccaに住む人達を見ていると、心からそう思えた」。

　上記のように、北村さんが感じてくれたように安藤夫妻は、大家であり管理人でありながら温かい世話人である。住人の猫の病気のこと、車の不具合の相談、はたまた仕事の相談まで、何でも相談にのっている。そんな温かさが通う場も環境の成せる業だと思う。

2. "病気にならないための病院づくり"

　事例の二つは、クリニックの環境づくりである。2009年に群馬県高崎市にオープンした「黒沢病院附属ヘルスパーククリニック」である。理事長である黒澤功氏の"これからは予防医療の時代"という理念の基に誕生した。弊社はインテリアデザインを担当したがあらゆる意味で勉強になるプロジェ

写真2　地域に貢献する予防医療のクリニック「黒沢病院附属ヘルスパーククリニック」

クトであった。黒澤理事長の"病気にならないための病院づくり"という想いと、私が兼ねてからやりたかった"病気にならない環境づくり"が一致したプロジェクトである。ディズニーランドのように皆が楽しんで来てくれる、行列のできる病院というコンセプトは、オープンして3年たった今、90万人が受診、高崎市民の健康状態を劇的に向上させている。

特徴は、リゾート体験をしながら人間ドックが受けられること、人間ドックのフロア19室の一部屋ひと部屋に名前を付けたことである。ミラノ・パリ・ロンドン・ニューヨーク・ソウル・江戸……と世界を旅するというコンセプトは、病院が怖いというイメージを一新させている。

天然温泉を掘り、人間ドックの前日に一泊して、施設内のスポーツクラブで身体を動かし、温泉に入り、そして赤ワイン一杯いただきながらレストランで本格ディナー、リゾート雰囲気を満喫しながら眠りにつける。そして翌日の半日で人間ドックが終わると寿司職人が握りを振舞ってくれる、そんな病院らしくない病院ができました。

2010年には、近くにサービス付き高齢者住宅も展開。病院と繋がる高齢者住宅は安心な場所である。院内に入ると季節の花々とグランドピアノの自動演奏が出迎えてくれる。人が望むことに取り組むという黒澤理事長の姿勢は、高崎市民の健康づくりに大きく貢献している。行きたくなるような病院環境が疾病を減らし、いくつになっても若々しく元気で豊かな人生をつくりあげるものだと実感できる。

3. 町の医院が"寄り合い場所"になる

事例の三つは、日本の高齢社会における在宅医療の方向について考えたい、立川市にある「鈴木慶やすらぎクリニック」である。

今後、わが国は高齢者が増大し、住み慣れた身近な地域で医療を必要とする人が多くなる。したがっていっそう在宅医療が必要となると同時に、医療機関としてかかりつけ医の存在が、地域医療において重要となる。鈴木慶先生は脳外科医であるが、"脳外科医の前に医師として、医師の前にひとりの

人間として診療を行う"、"患者さんに寄り添った身近な町医者と呼ばれるような存在"を目指されている。

　一日200人もの患者さんを診察しながら、在宅医療や介護サービスも行っている。現クリニックが手狭となったため、近くに空いた産婦人科を買い取りリニューアルオープンするもので、2013年6月のオープンに向けて弊社で設計とデザインを担当している。

　"町医者として頼られることが生きがいだ"とおっしゃる鈴木先生の元には高血圧・糖尿病・脂質異常の患者さんが7割を占めるが、単に"お話に来る"、"先生のお顔を拝見したい"、"囲碁をするだけ"に来るなど、"町の寄り合い"になっている。地域医療の原点は、このような"寄り合い場所"に医療機関がなることではないでしょうか。

　さらに先生は在宅療養支援診療所として水曜の午後は訪問診療を行っている。脳卒中の後遺症、アルツハイマー型認知症などの高齢者の患者さんを薬剤師さんと一緒に訪問。実際に病院での指導や処方が家できちんと行われているのかチェックもされている。

写真3　鈴木慶やすらぎクリニックのデイサービス風景。食事前にフェイスマッサージをし嚥下障害を予防する。きめ細やかなケアが行き渡っている

鈴木先生は"在宅で療養する高齢者の方は、家の環境もさまざま。栄養指導しても家族が料理嫌いだったり、調理するコンロが1個しかないなど、その人の家庭環境を理解しないと本当の指導になりません。だから訪問して確認する必要がある"と言われる。

　一人暮らしの高齢者が増える中で、これからの日本の取り組むべき方向は、医療の受けられる在宅環境と町医者の存在である。その相互の関係性がこれからの高齢社会を住みやすくするのだと考える。このように、私たちの周りは、"住環境"・"医療環境"・"社会環境"などすべて環境でできている。どれもが心を育てる場であって欲しいと思い、また、それらをつくる我々の責任は大きいと思われる。

　不動産業から居住福祉産業へ。これからは不動産業だけで完結は不可能で、医療機関や福祉施設、学校関係者と密に関わりあっていくことが重要だと思われる。

《参考資料》
(1) 現在、生活習慣病による年間死亡者数は3600万人。2030年には5500万人になると言われている(2010年世界保健統計(WHO)より)。
(2) 総務省によると2012年9月17日現在、日本の65歳以上の高齢者人口は3074万人、過去最多となった。団塊の世代のうち1947年生まれが65歳に達し始めたからで、日本の総人口に占める高齢者の割合が24.1％、4人に1人が高齢者という時代になった。

2　マンションを「終の住まい」とするために
――ナースを管理人に・居住福祉の理念から――

イノーヴ　佐々木道法

　イノーヴは1974年、現在のリブランが販売した分譲住宅の管理やアフターサービスを担う会社として設立され、85年から、リブランサービスの商号で経営し、2011年11月には商号をイノーヴに変更したマンション管理会社である。顧客との長い関係、とくに居住者の高齢化に伴って感じるのは、マンションに住む人たちが「安心して生きてゆく」ためには、建物の維持管理といったハード面だけでなく、「心身の"健康"」といったソフト面の充実の必要性が高まっているということである。それは世界最悪といわれる医療費の増大につながり、日本の国や地方自治体の財政を圧迫している。

1．ナースな管理人・アイナス

　そうした高齢社会の問題を緩和するカギの一つとして「地域の見守り」がキーワードになっている。それは、行政機関や医療機関、社会福祉事業を行うNPOなどの事業者だけが担うのではなく、マンションという住まいを「見守り」続ける使命を持つマンション管理会社も、「居住福祉の担い手」としてそれらの協働の輪に参加し、高齢社会の難問解決に貢献できないのか、が私たちの問題意識である。マンション居住者の増加は都市部において顕著であり、居住福祉とマンション管理との関連性は避けて通れないテーマである。
　厚生労働省のデータでは、1人当たりの医療費で、都道府県単位では1.5倍、市区町村単位では4倍弱の差が生じている。しかも医療費の少ない地域の方が、健康状態も良い傾向にあるという。これは、健康状態を改善しながら医

療費を削減することが可能であることを示している。また2010年度の国勢調査によると独居高齢者は全国で457万7千人と30年前の5倍を超えており、都市部では誰にもみとられず亡くなる「孤独死」も増加している。そのような中で、予防医療への取り組みは、国民の健康を守り増進させ、日本の財政支出の削減を含めた大きな社会問題を解決する答えとなると考える。

当社は、マンション管理員を「マンションファシリテーター」と呼称している。単に建物の管理をするだけでなく、居住者と居住者との効果的なコミュニケーションの場をつくり、その能力を引き出し暮らしの向上に役立てるといったソフト面の役割を意識してのことである。コンビニエンスストアが行政サービスの窓口業務を請け負うように、マンションファシリテーターが公共的な役割を持つ、業界初のビジネスモデルが、当社による「ナースな管理人・アイナス」。つまり看護師の有資格者を管理員としてマンションに派遣するというサービスである。

2. 健康づくりや介護、育児の相談に乗る

当社では3年かけて企画検討し、2012年12月まで約1年間、2つのマンションでテスト的に実施し、13年1月から、埼玉県朝霞市のマンションで本格実施に入っている。このマンションは築20年余りの戸数54戸。居住者は50歳代、60歳代が中心である。管理員は通勤制で、平日に加えて土曜は隔週で朝9時から午後7時まで、管理業務を2人交代制で行ってきた。このうち、基本的に朝9時から正午までをアイナスが担う。正午から午後7時まではもう一人の管理員が担当するという勤務形態である。これまで2度の大規模修繕事業をやりぬいた管理組合も「良いものにしていきましょう」と積極的である。

アイナスは、健康づくりや病気予防のアドバイスのほか、介護や育児についても気軽に相談を受け付ける。症状に合わせ地域の医療機関を紹介し、主治医の診断に則って日常生活での適切なアドバイスも提供する。すり傷や軽いけがなどの簡単な応急手当や救急時の対応もする。「「介護保険が適用され

写真1　管理人室にてアイナスによる健康相談中

るが、老人ばかりが集まるデーサービスにはあまり行きたくない。そこに行くまでの前にちょっとしたケアは受けたい」「わざわざ（医療費を支払い）病院や開業医の診察を受けるのには気が引ける。それでもやはり体調が時々不安になる」といった居住者の心理に応える相談や企画を行うのが主な任務である。また、「病気で倒れた親が退院した後にこのマンションに戻ってくるが、どう対処したらよいか」など介護保険を受ける際の手続きなどの相談に乗る機能もある。

　むろん、宅配便の受け取りや玄関先の掃除といった管理員の日常業務を行いながらである。いやむしろ、管理員としての日常業務こそが「居住者の健康を見守る」ことにつながるのである。管理員室の前を通る居住者に声をかけてあいさつする、マンションの廊下で出会ったときに世間話をするなどから、管理員は、居住者の生活や健康状態を意外と知る機会が多いのである。プライバシーを侵害しないよう注意する必要があるが、積極的に声をかけて「看護師の管理人」が身近にいることを意識してもらうことが、病気や介護、孤独などの問題で独り思い悩んでいる人の発見にもつながるのである。

3. 健康診断をフォローアップする

　当社アイナス事業部チーフの一條睦美は看護師歴20年余りで、病院に勤務した後、老人保健施設やデーサービス、地域包括支援センターなど介護保険系の事業所に勤務してきた。彼女は約1年間、2つのマンションを掛け持ちで「ナースな管理人・アイナス」となり、人間ドックを展開する医療機関や訪問医療に特化する医師との提携を行い、主治医から医療対応のサポートを受けながら居住者の医療相談に乗り、マンション内で生じる人間関係のトラブル解決機能も併せ持つ「疾患予防促進プッシュ型：受動的健康管理＆健康増進サービス」のモデル事業を試行してきた。

　一條によると、介護保険の仕組みを理解していない、人間ドックを受診したいがどこに行ったらよいかわからない、といった人が意外に多いこと、高齢者の独居問題、不眠症、子どもの摂食障害といった相談をうけることもあったという。プライバシーにかかわることのため、「誰にでも相談できるわけではない。しかし、いつも顔を合わせている専門の管理人なら相談してもよい」といった声が意外に多かったという。

　日本人が自分の病気を発見する主な方法は一般的に、年1回程度の健康診断（人間ドック）である。しかし、健診の結果は受診者に渡されるだけで、その後の対処は受診者個人の判断に任せられているため、医師や看護師などがその後をフォローアップして生活習慣の改善指導などをするといったことは十分に行われていないのが実態である。医師が1人の患者に張り付くことは元から不可能であり、そうした問題の改善策として、医師の指導のもとで、地域社会の中で、身近にいる看護師や保健師が「プッシュ型」の日常生活のコントロールを行うことは最適な解決策と考えられる。一條は現在、そうした試行と実践で得られた成果を生かし、住民の健康管理のプロフェッショナルとしてのアイナスを養成・指導する責任者である。一條は「マンションの集会室を活用して、軽い運動をする健康づくり教室を企画したい。要望があればヨガ教室の先生を探す橋渡しのような役割も担いたい」と抱負を述べている。

4. 〝潜在看護師〟を活用する

　一方、アイナスは、全国に約55万人と推定される〝潜在看護師〟の雇用機会をつくることももくろんでいる。医師や看護師の不足から生じる過酷な病院勤務は、結婚・出産・育児という家庭環境をかかえる女性看護師の復職を困難にし、医療現場から遠ざけるという悪循環を生んでいる。それに対し、アイナスは、近距離通勤、短時間勤務などの柔軟な勤務形態を選択することも容易であり、健康相談や疾病予防という役割を担うことで病院や介護施設の負担を減らすという、やりがいのある仕事である。「潜在看護師」を社会的な人材資源として活用するという社会的価値の実現にも寄与すると考えられる。アイナス2人がマンション3か所を巡回するなど、居住者の生活に合わせた派遣方法も検討している。

　当社では今後、パートタイマーなどの雇用形態で30人前後を雇用してアイナスを養成していく方針である。現在1カ所のほかに、リブランの新築マンション2か所で派遣が決まっている。その一つの埼玉県認定の「子育て応援マンション」では、アイナス1人が朝9時から午後5時まで勤務する予定である。

　アイナスの今後の具体的な業務内容は、24時間態勢で電話や電子メールによる相談を受け付ける、管理員室や居住者の部屋を訪ねての相対相談、症状に合わせた医療機関の紹介など地域医療情報サービス、人間ドックの健診データ分析と助言、処方箋にもとづく薬の取次ぎ、高齢者や独居者への見守り、安否確認などのサービスを医療機関の「至高会たかせクリニック」（東京都大田区）や「新宿追分クリニック」と提携しながら進めている。当面、アイナス30人で年間2000世帯の訪問相談を行うことを目標にしている。

5. 予防医療の担い手に

　アイナスは看護師という資格を持つ以上、給与面で優遇する必要があり、通常の管理員よりも人件費がかかることが考えられる。各マンションの実態

にもよるが、管理員の勤務スケジュールの見直しなどでカバーするほか、管理費の多少の引き上げにつながる可能性もある。しかし、アイナスが勤務しているマンションではその分、サービスが底上げされているわけであり、部屋を賃貸にしている区分所有者にとってはその分、入居者の確保が容易になり高い家賃を設定することも可能になるなど、居住者のみならずマンションの区分所有者にとってもマイナスではないはずである。

　このように、「マンション管理人」を「予防医療」の地域での担い手をとすることで、居住者への日々の密度の高いサポートを実現し、民間の力で自らの健康を強めることができる。この事業は、訪問看護などの、いわゆる「治療」目的のサービスとは一線を画し、健康な方々の健康をより強め、健康に長生きしてもらう、という当事者の自立をサポートするものである。そして、介護福祉施設や介護付きマンションなどへ移り住まなくても、自らの住まいが「終の住まい」として安心して住まい続けることを可能とし、それにより、日本の財政の医療費の削減に寄与する、新たな社会性のある商品であると確信している。

第3章

コミュニティと子どもを育むマンション・ライフ

1　噴出する社会問題は住宅産業の犯した犯罪
　　──社会問題解決は居住福祉産業の使命──
リブラン

2　喪失した感性を回復させる都心住空間づくり
　　──人間再生・感受性再生がわが社の使命──
アスコット

3　持続可能な、人間的生活支援賃貸経営
　　──ガレージングマンションという価値観の共有で
　　　強力なコミュニティ形成──
不動建設

1　噴出する社会問題は住宅産業の犯した犯罪
──社会問題解決は居住福祉産業の使命──

リブラン　鈴木雄二

　リブラングループの今日まで45年の活動を振り返ってみたい。
　社の姿勢として一貫していたのは、「企業は主役にあらず、目的にあらず、一手段にしか過ぎない」という理念であった。不動産業には「本質」はなく、「本質」は、人間に一番近い仕事に携わってきた保健・介護、保育士、教師、医師などの仕事にこそ存在するという考えである。千葉建設（株）と名乗っていたリブランは創業から5年後、それまでの収益優先の経営方針をご破算とし、「暮らしの市民館」という会社にシフトチェンジした。住宅そのものは、目的でも価値でもなく一手段に過ぎない、住宅づくりを通じてどんな暮らしを提案するのか、が不動産業の役割だと気付いたからであった。その15年後には「暮らし」（ｌｉｖｅ）＋「大地」（ｌａｎｄ）を創造・提案するという意味を込めて（株）リブランに社名変更をした。
　ママさんバレー30年、創作童話20年と、市民活動を支援するメセナ活動を展開してきた。調子に乗って、「ダサい」といわれた東上線のイメージアップ作戦を子どもたちと展開し、「森林都市線」と愛称をつけ、沿線不動産業者と連携して広告物に森林都市線（東上線）と表示したことを東武鉄道にとがめられ、広告物の撤去命令を受けたこともあった。「全社員は地域に出勤せよ」「社内に真実はなくコンセプトもない」と、社員に地域活動手当を支給し、企業の社会運動体としての姿を追求してきた。

1. 社会問題の中にこそ無限のマーケットがある

　ふつうの企業であれば、社業拡大を図って株式市場への上場を目指したであろう。だが、当社は、社員の求心力として、上場を目標にするのではなく、企業としての思想や社会性を追求してきた。その方向は正解であった。もし上場を目指していたら、バブル経済に巻き込まれ、リブランはとうに消えていただろう。企業の社会貢献とは、スポーツ大会の冠を得ることではない。本業をより社会化することである。利益があるから社会貢献をするのではなく、本来、企業は社会性なくして存続はしない。「片手にソロバン、もう片方の手には論語」である。

　見方を変えれば、日本の最悪な社会問題にこそマーケットがある。企業として社会問題の解決を図るのが「社会貢献」であり、そのための知恵を産み出すための「社員教育」が重要であり、そのことが結果的に「販売促進」につながる。三つの要素を一体化することが、これからの真の日本的経営である。全社員の社会貢献は社員の自己実現の場であり、社員の生き甲斐に繋がり、誇りが生まれる。社会的評価が高まり、新たなマーケットが出現するというわけである。

　人間は環境と一体であるにもかかわらず、環境を破壊し続け、かつ街の環境、住環境、住宅内部の環境を人工化してきた。リブラングループが提唱する「エコミックス住思想」とは、これらを自然に戻すことである。それによって、子どもや家族の身体や精神を正常に戻し、同じ価値観をもつ居住者のコミュニティも育まれる。

2. 環境共生マンションが生んだ「緑のカーテン」運動

　例えば、私が理事長を務める「ＮＰＯ法人緑のカーテン応援団」は、地球温暖化問題の深刻化もあり、世間に知られるようになった。窓の外側に、ゴーヤなどの植物を植えて夏場に葉を繁らせることで、日射が直接住宅内に差し込むのを防ぎ、通風を確保するとともに葉の蒸散作用によって室内に入る外

気を冷やす効果があるというものである。これはもともと、当社が開発した環境共生マンション「エコミックス」のパーツの一つであった。「エコミックス」とは、マンションや戸建ての通風を良くするなどして、自然な涼しさ、温かさを感じられる設計や工夫をする当社オリジナルの住宅である。マンション住民でその効果に気付いた小学校教師が勤務している学校で実践したのをきっかけに、「緑のカーテン」は全国の小学校などに広まっていった。緑のカーテン応援団では、東日本大震災の被災地にある仮設住宅約3万戸を設置する活動を展開している。

埼玉県川越市の分譲マンション「アーベイン川越南大塚キッズプレース」（109戸）は1995年、日本初の「子育てマンション」として誕生したが、その前年の1994年は、国連の「国際家族年」であり、日本で「子どもの権利条約（児童の権利に関する条約）」が批准・発効した年であった。このマンションは、失われた子どもの居場所と子育て環境の再生を求めて、中島明子・和洋女子大学教授（居住福祉論）らが編集代表を務めた日本住宅会議関東会議編「キッズプレース・居ごこちよい子どもの住環境」（萌文社）の内容を具現化したものであり、各界から評価されている。

マンションデベロッパーと対立することが多い「日本野鳥の会」ともコラボして、元々その土地にあった樹木を残して開発した環境共生マンション「ザ・ステイツ所沢アルカディアン」（築1990年）を実現させた。ホタルが生息するビオトー

写真1　マンションのバルコニーにできた「緑のカーテン」

プを備えて板橋区の街中をホタルが飛ぶようにした自然との共生「エコヴィレッジ小豆沢公園」（築2005年）。有機栽培のできるクラインガルテン（家庭農園）付きで子育てや情操教育に最適な「アーベイン朝霞セゾンヒルズ」（築1998年）、埼玉県とコラボし子育て認定第2号を取得、リブラン系列企業イノーヴとのコラボにより看護師付きマンションを実現「エコヴィレッジ朝霞本町ペレニアル（2012年）。女性が助けあいながら一生涯住み続けられるグループマンション「セーヌ・バンシッス」（築1997年）。各住戸内に音楽室をつくってピアノや楽器が演奏でき、コンサートホールも備えた分譲マンション「ミュージション新江古田」（築2005年）なども開発してきた。賃貸のミュージションも10棟以上つくり、地元の町内会とコラボして地域との共生を実現した賃貸マンション（上板橋）もある。

3. 今の大都市は「瓦礫の山」と同じ

　埼玉県、東京・板橋、荒川両区の自治体住宅政策づくりにも参画している。実際、当社の考え方を板橋区の基本計画に反映させ、計画に盛り込まれたコミュニティ形成の重視などを分譲マンション「エコヴィレッジ本蓮沼」（築2008年）の開発に込めている。

　東京商工会議所CSRコンペで最優秀賞を受賞し、同会議所から「ソーシャルマーケティングの勧め」という小冊子にモデル企業として推薦された。このほかにも、通産省グッドデザイン賞数回、優秀事業表彰には15回、不動産学会賞なども受賞している。社会貢献をすることはけっして「道楽」ではなく、45年間一度も赤字を出さずにきている。

　今や「思想なき資本主義」が日本を汚染し、日本社会は様々な社会問題が噴出してまさに「末期的状態」に陥っている。その原因は、我々企業が壊してはならないモノを破壊し続けた結果である。日本には約1000万人の「うつ病」、あるいは「うつ予備軍」と呼ばれる人たちがいるといわれ、感受性微弱症まで入れると日本人の半分は病気という見方もできる。「うつ」など病気の原因は、遺伝病などを除くと、半分は食事、お酒、タバコ、ストレスな

どで、残り半分は、我々が乱造した街の環境と住環境に起因し、「住原病」という言葉さえ生まれている。

改善の例は雪深い岩手県沢内村にある。乳幼児死亡率が高かったこの村は、この問題を解決すべく病院を開設したが、医師が住環境を設計して死亡率を下げることに成功した。リブランもそれに習い、「東京都健康長寿住宅エビデンス取得委員会」に加わっている。住まいと健康の問題はホルムアルデヒドやアスベストだけではなく、住まいに人間を生かす思想がないと様々な身体や精神の病に侵されるということである。国交省も7年前に「健康維持増進住宅推進委員会」を立ち上げ、健康と住環境の問題の原因を究明中である。

戦後の日本が積みあげてきた膨大な量の社会資本や大都市の住宅の群れは、一見豊かに見えるが、実は、被災地と同じ「瓦礫の山」に見えてくる。今までの日本は目に見えるモノが価値だと勘違いして「モノづくり」に邁進してきた。実は見えないモノにこそ価値がある。住居は雨露をしのぐという物理的存在というだけではなく、先祖からの地域の歴史、気候風土、自然の中で育まれて、文化、宗教、暮らし、そして子どもたちの体や心を育む基盤となったものである。住居はたんなる建物ではなく、目に見えない糸で繋がれている暮らしがあってこそ価値があるものである。

4. 不動産・住宅産業界も覚悟を決めよ

今日、人口が減少傾向にあり、住宅のストックもあふれ気味であり、市場は縮小傾向にあるといわれている。しかし、それは間違いだろう。本質を捉えスタンスを変えると、マーケット（市場）は無限にある。犯した罪の償いの中にマーケットがある。「見えないモノ」に価値があるとすると、従来の評価規準は大きく変わらざるをえない。建設、宅地建物取引などの業法、建築規準法、都市計画法や、不動産鑑定のあり方、公正競争規約などの見直しも必要であり、居住福祉基本法を制定すべきである。もし、「不動産・住宅産業」という概念が終わりを迎え、居住福祉（住生活）産業への転換し、土木開発一辺倒ではない「日本列島居住福祉改造（復興）計画」が推進されれば、

そこには何百兆円という内需がわき出ることは必定である。

　粗っぽい戦後の住宅政策に決別し、不動産・住宅産業界も覚悟を決めて、与えられた使命を実現させるという社会性を持つことに誇りを持つことが必要である。荒廃した日本社会を今一度創りかえ、子々孫々に安心、安全、誰もが健康で生き生きと平穏で幸せな暮らしが訪れるよう、「居住福祉産業」を天職とし、新たな挑戦をする業界人が数多く輩出することを期待している。

2 喪失した感性を回復させる都心住空間づくり
―― 人間再生・感受性再生がわが社の使命 ――

アスコット　加賀谷慎二

　政府の住生活基本計画は「地域の自然、歴史、文化その他社会経済の特性に応じた多様な居住ニーズへの的確な対応」を求めている。当社は1999年の創業以来、同計画における「三大都市圏の都心地域」である東京の下町で、これまでに約50棟のマンションを建設・販売し、地域の特性に合った豊かな住生活を目指している。その多くは戸数80戸以下の中小規模のものである。幸い、これまでのところ、ほぼ即日完売の実績を残すことができた。ここでは、都心でのマンションの役割について私の考えを述べたい。

1. 住まいを地域に開く

　都心部での暮らしは、家の外で利便性を享受しながら大学の市民講座への参加、観劇、24時間営業のスーパー、深夜まで開いている本屋など、様々な利便がある。日々暮らしていけることが大きなメリットである。とはいえ、住まいが暮らしの中心であることには変わりはない。子どもが育つ、家族と絆を作る、感受性を磨く、個性を育む、地域社会とかかわる。すべて住まいを中心に行われている。住まいの外のものが魅力的な都心部においても、決して住まいとは寝るだけの場所ではなく、私たち「人間の心を作る場所」である。

　地域との関わりが薄れがちといわれる都心のマンション暮らしでも、「住まいを地域に開く」ことでかかわりを持つことができると思う。多くのもともと住んでいた住民の多くは、新しくマンションに引っ越してきて同じ街に

住むようになった人々を受け入れて街に活気を取り戻したいと思っているものである。一方、当社は、コミュニケーションから新たな人間関係が生まれ、さらには豊かな生活に繋がると考えていることから、両者が出会えるきっかけ作りや空間を提供することが、住まいの創り手の責任と認識しており、開発するマンションに積極的にその「きっかけ」を取り入れている。例えば、マンションの一角に気楽に立ち話ができる空間を設けることも良い効果がある。

また、東京はかつての江戸であり、その都心部は現在も歴史、文化、伝統や芸術が集積されている。この集積された文化や伝統を取り込んだ住まいを提供することが、豊かなコミュニケーションを生み、子どもたちの感受性を育むことに繋がると考えている。当社は、その地域社会を醸成していく都市の装置を提供していきたい。

2. 伝統芸術作家による空間設計

当社開発物件の具体例として、両国の10階建て戸数55戸の分譲マンションは、1階のエントランスホールに、2人の伝統芸術の作家のコラボレーションによる「結美（MUSUBI）」の空間を設けている。「集う・伝える・学ぶ」をテーマに、木工漆作家の斉藤寛親氏がデザインした木曽の漆と木のオブジェに、京都の新進気鋭の着物デザイナーの斉藤上太郎氏による和装着物の生地のソファを備えている。また、別の7階建て18戸の物件のエントランスロビーは、当社と日本的な感性にあふれる空間デザイナーの橋本夕起夫氏、左官職人の久住有生氏、照明デザイナーの戸恒浩人氏の3人のコラボレーションにより、土をけずり落とすことで生きる土壁に、無垢の1本の木材から削りだしたベンチ、江戸切子のガラスのオブジェなど自然素材を用いて街中の路地のような空間を創りだしている。このマンションは、江戸時代の浮世絵作家、葛飾北斎が住んでいたとされる「北斎通り」に隣接していることによりいく筋もの線を描いて空の広がりを表現した北斎の画法を外壁の模様に取り入れ、歴史文化の記憶をマンションに刻み付けている。文化や歴史は、

写真1　エントランスホールは2人の伝統芸術作家による芸術的な空間に

人と人を結びつけ、伝統と現在をつなぐという想いからである。

3. 都心暮らしの魅力は「多様性」

　私は米国で生まれ、中学生まで米国で暮らしてきた。シアトル、シカゴそして東京に共通することは都心の住まいの充実ぶりである。都心暮らしの魅力の一つに「多様性」がある。個性豊かな人々に出会い刺激を受け、多くの美術館や劇場・イベントから様々な文化を感じ、交流を通じて自らの感受性も育むことができるのが、都心暮らしの大きな喜びである。多種類の食材を摂取することが健康に良いと言われているように、多様な文化や芸術に触れることは私たちの心を豊かにするためにとても重要である。

　それは、住まいにおいてもいえるだろう。私が暮らしてきたシアトル、シカゴと東京の違いは、「住宅空間の充実」である。戦後、大量に建築された日本の住宅は、戦災復興期やその後の高度経済成長に伴う人口の急速な都市集中という時代の背景上、同じ間取りで個性がないものが多かったのは仕方

がない。しかし、住まいとは本来、単に生きるための安心安全を提供する場だけではなく、自己形成の場であり、また自己表現の場でもある。画一的なプランだけでは感受性を磨けず、また感受性を持った人々を満足させることはできない。

そこで当社では、感受性や個性の育つ住まいのために、多様なプランを作ってきた。一部屋ごとのデザインに多様性を持たせ、平面形のプランだけではなく、高さ方向にも変化をつけ1.5層プラン、メゾネットプラン、また茶室を模した離れのあるプラン、ルーフバルコニーにサブキッチンが付いたプランなどである。さらに個人の嗜好やニーズにあった住まいを提供できるよう、プランを自由に選べるというシステムも構築した。それは、3LDKの一室をリビングに取り込んで2LDKにするといった一般的な方式ではなく、例えば玄関の内側に広い空間を造って「自転車も置くことができる土間」にするというそれぞれの生活スタイルに合う選択ができる、というものである。都心暮らしには自転車も重要な生活手段であり、高級な自転車を買って大切にしている人もいる。大切な自転車を住まいの中に持ち込んで保管できるのは魅力となる。

写真2　マンション内の和風空間

お客様の中には、その「土間」を利用して、ご近所同士の井戸端会議を開いているという方もいらっしゃり、お客様それぞれが当社の提案した空間に更に多様性を持たせていただき、その結果コミュニケーションが生まれるこ

とは、うれしい限りである。

4. 入居者が地域の歴史を語り継ぐ

　当社の分譲マンションでは、建具、床や壁紙の素材や色など、当然選択することができるが、更に付与されたポイントを自由に使い個性豊かな住戸を作ることができる「セミオーダーポイントシステム」を開発した。それは、分譲マンションの各住戸に、販売価格に含まれる形で一定のポイント（300〜700ポイント、1ポイント＝1000円）をあらかじめ付与し、ポイント数を明確にした200〜300種類のアイテムを選んで組み合わせ、インテリアの設計や設備を選択できるというシステムである。ポイントは追加で購入もできる。例えば、パーティ好きな家庭ならビールサーバーをつける。本好きの人は、廊下にずらっと本棚を作りつける。メゾネットの上階にプロジェクターをつけてリビングの壁一面に映画の画像などを映せるようにする。子どもたちの家庭教育を重視するお客様は、キッチンの横に子ども部屋を設け、勉強机もお母さんがいるキッチンの方に顔が向くような設計にしたり、子ども部屋に自由に書ける黒板をはめ込んだりして家族の絆を深める工夫をしている。

　当社は、販売後もマンション管理において、入居当初のコンセプトである文化・伝統や芸術を生活に取り込むことを居住者が受け継いでいけるよう、木工やフラワーデザインの教室を開いたり、地元住民を招き地域の歴史の語り部になってもらったり、といった試みを継続している。一方で販売後も、お客様の部屋を訪問したり、お客様との座談会を開いたりと、お客様の生の声を聞き、次のマンションづくりの企画に生かしている。

　このようなこだわりのあるマンションづくりは建築費用の増加につながる面もある。それでも私たちがそれを創り続けるのは、一個人の住まいではなく、社会的資産としての価値が生まれるからである。文化性に富み、その土地の歴史を取り込み、また居住する家族の生活ぶりに合わせた多様性を持つマンションは、自分たちの住まい（マンション）や地域社会への愛着心、住まい（マンション）や地域社会を守っていくという精神が育まれると信じるから

である。今後も、「住まいが人間の心に影響を与える」ということを常に意識しながら、民間の事業者として、住まいづくりの責任を果たしていきたい。

3 持続可能な、人間的生活支援賃貸経営
―― ガレージングマンションという価値観の共有で
強力なコミュニティ形成 ――

不動建設　山本仁二

　東京都板橋区のJR埼京線の浮間舟渡駅から徒歩3分の賃貸マンション1階に2011年4月、認可保育園「はぁもにぃ保育園」がオープンした。床や腰板、机、椅子、ロッカー、下駄箱もすべて青森産のヒバの無垢材で作られている。針葉樹のヒバは、健康に良いとされるヒノキチオールの含有量が、ヒノキより多い。園児たちはその床を毎日のように乾いた雑巾で拭き、裸足で駆け回っている。この賃貸マンションは1999年に不動建設が建てた「ルーエ浮間舟渡」(54戸)。当時としては画期的なインターネットが使える賃貸住宅である。保育園の施設長は、私の娘の山下真由美。保育園の設置にはある個人的な事情が絡んでいる。

1. オール・ヒバの保育園を創設

　4年前、娘が出産後一日も早い職場復帰をと望まれて、急きょ保育園を探したところ、区内の保育園不足は深刻で、結局埼京線の隣り駅近くにある埼玉県の無認可保育園に預けざるをえなかった。それは、職場とは反対方向の隣り駅である。いったん反対方向の電車に乗り、踵を返して職場に向かう。残業で遅くなると、私が孫を迎えに行くという状態だった。板橋区長からも「保育園を何とか増やして待機児童を減らしたい」という要請があり、不動建設の事務所の隣の車庫に目をつけた。板橋区では、マンションには駐車場をある程度の数を確保する付置義務があり、それに基づいて1階の一部を車庫にしていた。幸い、隣の空き地に駐車スペースを確保でき、「保育園付き

写真1 子どもたちが触れる椅子やテーブルもすべて殺菌効果の高いヒバ材でできている

賃貸マンション」の開設プロジェクトが始まった。

　長女は国立音大で幼児教育を研究しており、わが子のことで奔走するうちに、自ら施設長となってその成果を実践に移すと同時に、折角なら既存の保育園にはない親御さんの誰もが入園させたくなるような保育園を創りたいと考えるようになり、一念発起して、復帰したばかりの職場を辞めて保育園の立ち上げに参画した。実は長女は幼少の頃、アトピー性皮膚炎で悩んだことがあり、親としてシックハウスの心配のないより良い環境を実現するために自然素材を取り入れた園舎にしたいと考えた。

　たまたま、宅建業界の理事を務める関係から通うことの多い飯田橋の団体事務所近くに青森ヒバの加工品を売る店があった。青森ヒバはすべて国有林産で値段も高い。「端材でもいいから使いたい」と頼むと、店主から下北半島の風間浦村の製材所、村口産業を紹介してもらった。その社長の村口要太郎さんも「子どもたちのためにヒバを使ってくれるなら」と協力してくれて、「オール・ヒバ」の保育園が実現したのだった。長女は「自然素材をふんだんに使うことで子どもたちにメンタル面でもいい影響があるし、帰宅した子ど

もたちが持ち帰った木のチップの香りに癒されていると、保護者からも喜ばれている」と話している。しかしいちばん心配したのが「肝心の孫が入園できるか」であった。認可保育園への入園は両親の就労経済状況などを指数化して、板橋区が選定しており、基準を外れてしまえば「今までの努力は何か」とも思ったが、幸い、孫は入園を許可され、帰り際には「おじいちゃーん！」と隣の事務所に顔を出してくれている。「幼保一元化」に向けた流れもあり、リトミックや水泳など幼稚園教育的な要素を取り入れた経営を目指しており、近い将来は「こども園付き賃貸マンション」も実現させたい。私はかつて日本ビクターに勤務し、海外での広報PR事業にも関わってきた。その中で世界中の居住環境を見てきたが、欧米と比較して日本の居住環境の貧弱さを感じていた。25年前に家業の建設会社を継いで不動産賃貸業を始めたが、本当は自分が「したいこと」「いいなと思うこと」は、きっと多くの人たちも望んでいるに違いないと確信して、それを実現させるような住まいづくりを考えてきた。

2. アウトドア好きが集う長屋風マンション

　2008年1月竣工したガレージングマンション「クレエ浮間舟渡」は、「アウトドア関連を趣味とした人たちが集う賃貸マンション」をコンセプトに設計企画した、33世帯6階建ての小規模な賃貸マンションである。実は、私の趣味のバイクがきっかけに企画した、アウトドアの活動が好きな人たち向けのマンションである。

　1～2階はメゾネット形式で、1階にガレージとユーティリティ・スペースを設け、2階に居住スペースを配した自動車愛好家向けの住戸である。3階以上は、ハーレーのような大型バイクも載せられる大型エレベーターを備えて、部屋の中まで自分の愛車を運び入れることができる。各部屋は50㎡を超える広いワンルーム形式で、すべてがフラットなユニバーサルデザイン。バイクのみならず、自転車から大きなロングサーフィンボードまで入るなど、大型のスポーツギアが簡単に持ち込める。住居スペースに対し、バルコニー

3 持続可能な、人間的生活支援賃貸経営　61

やユーティリティ・スペースなどが同じくらいの面積という住戸もある。バイク愛好家などは、「愛車を自分の目の届くところ置きたい」という心理がある。住戸に運び込んで、住居部分を通り抜けてバルコニーにバイクを置いたり、部屋の中に置いたりという具合である。住戸内に段差が無いのも車を部屋に持ち込むことを可能にするためである。彼らは、お仕着せのものを嫌うのでワンルームの設計の方を喜ぶ。家具などの配置や部屋内の仕切りなどを自分で決め、自由に絵を描きたいのである。アウトドアライフの雑誌などにも、「家の中にバイクを運びこめる賃貸住宅がほしい」といった声が載っていたこともある。

　「クレエ浮間舟渡」の居住者は、四輪車、オートバイ、自転車と趣味の幅も、20歳代から40歳代と年齢幅も広いが、価値観や感性が近く、居住者同士が打ち解けやすく、大変スムーズに「自然なコミュニティ」が形成されている。エレベーターの中で会っても会話は弾む。居住者全員が顔や名前を知り合っている「昔の長屋のような雰囲気」がつくられ、居住者の居住満足度を上げているのは間違いないようである。バイク好き同士の居住者が一緒にここを出発して同じ我が家に帰るという、のんびりしたマイペースツーリングを楽しむ。

　最近はバイク愛好家が、同じ住民の自転車好きに誘われてサイクリングに一緒に行くことも多くなり、趣味の異なる人同士の交流も盛んになっている。竣工当初こそ、管理

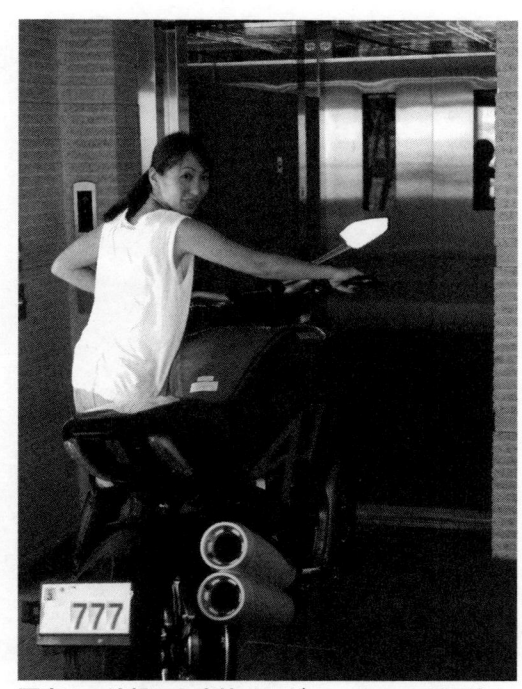

写真2　外部から直接イージーアクセスが可能な設計は好評

会社側が導入策として、地域のイベントに合わせて夏の花火大会に因んだバーベキューパーティーなどを主催してきっかけを作ったが、今では居住者が自主的に様々なイベントを企画して楽しんでいる。例えば、住民がプレゼントを持ち寄ってクリスマスパーティーを開催したり、秋には旬のサンマが安かったのでガレージで七輪焼きを楽しんだりといった具合である。

3. 入居の際の一つの約束事

　クレエ浮間舟渡では、入居の際に約束してもらうことがある。部屋の一つを身体にハンディキャップのある人限定で本来の家賃の半額で貸しているが、半額の差額分は「他の居住者全員が均等に負担する」ことに積極的に賛同するということである。「社会的弱者は社会の中で常に一定の構成割合を占めている。そのハンディキャップを周りの人間が顔の見える形で直接分かち合うことも大切である」という精神を共有するということである。

　賃貸集合住宅において、こうした助け合う仕組みを苗床に、お互いに知り合う仕掛けやオリジナリティのあるコンセプトワークを触媒として、「居住

写真3　年間を通して様々なアウトドアイベントが住民の輪を広げている

者が核家族であっても、血縁を越えて大家族的な雰囲気の生活の良さも享受できるコミュニティ創り」の試みは、居住福祉を推進する上で重要なキーワードとなるものと確信している。

都市型の住環境は、核家族化や共働き世帯の増加、少子化傾向、高齢者人口割合の増加に伴う単身者住宅の割合は増加の一途であり、近年、その傾向はますます顕著になっている。国土交通省の統計によると、日本の住宅全体のうち約4割は賃貸住宅であり、そのうちの約1300万戸を民間賃貸住宅が占めている。が、大都市圏で増加が著しい賃貸マンションやアパートなどの賃貸型集合住宅では、居住者同士や近隣との接触がますます希薄となってきており、安全で安心な住みやすい住環境であることが難しくなっているのが現状である。

例えば、高度なセキュリティ設備があるマンションでも、高級マンションのようにコンシェルジュスタイルのドアマンでも常駐させない限り、一般的に普及しているオートロックなどだけでは、不審な侵入者にいとも簡単に通り抜けられてしまう。何か異常事態が起こっても、セキュリティカメラは事態を記録するばかりで、防犯面でも期待されるほどの抑止力にはなりえていないのが実情である。

同じマンションに住みながらお互いに挨拶も交わさない、顔も知らない者同士が同じエレベーターに乗り込み、短い時間とはいえ緊張した無言の時を経験することが都会の集合住宅では賃貸型のみならず、分譲型マンションでも当たり前の様な光景となっている。

「個人のプライバシーを確保しながらも、居住者同士が心地良い距離感をもって仲良く一緒の建物に住む」という、本来であれば誰もが望む当たり前のような住環境の実現は、現代の集合住宅では、なかなか難しいと思われている。

4. 社会的構造変革期の顧客ニーズ

それでも、人口が集中する都市部では限られた土地の高度利用や効率的な

不動産運用という観点から、今後もこうしたマンション等の集合住宅のニーズが今後も持続していくことは間違いない。その一方で賃貸物件での空室率の増大傾向も顕著になってきており、デフレーションの影響が賃貸住宅市場にも及び、平均賃貸料の低下を伴い、不動産賃貸市場は混乱の様相を見せている。全国では２割に近い空室率に達しているという統計もあるが、その原因を分析してみると、近年は単に建物の新しい旧いや設備性能、立地などの従来の優劣の比較基準を超えた判断基準が働いているようにも見受けられる。

少子化や高齢化社会への移行が現実化した日本では、すでに総体として賃貸住宅は供給過多であり、日本の社会的構造変革期においては、賃貸住宅市場においても間違いなくライフスタイルの変化に適合し、顧客のニーズを読み取って新しい対応を提供してゆくことがますます求められている。

このような事態を踏まえて今後の土地資産運用や賃貸不動産事業を考えるとき、今までのように単にデザイン面や設備的ハードウェアだけで差別化しようするのではなく、高年齢層へのシフトや多様化する生活嗜好に寄り添った商品企画力と、入居後の居住満足度を高めることに力点を置いた、質の高い管理運営面での対応力が求められている。安定的な賃貸事業を継続するためには、管理運営サービスと連動した賃貸管理事業というソフトウェアへの対応が不可欠な鍵となってゆくことは間違いない。事実20％近い全国的空室率の時代にあっても、運営管理方法によっては同条件でも実際に満室状態や「この部屋が空いたら入居したいので連絡がほしい」という、バックオーダーを抱えている賃貸物件も存在している。

「住みやすい集合住宅の条件は何か？」を考えるとき、キーワードは「安全」「安心」、そして入居者にとっての「居住満足度」ではないだろうか。前述の通り、マンションなどの集合住宅には多くの現実的な問題や課題がある。集合住宅で住環境や居住福祉について考えるとき、分譲型と賃貸型という管理面での違いがある。分譲マンションであれば、自主的な管理組合が組織されているケースが通例であり、少子高齢化や核家族化が進む最近でも、それなりにコミュニティがマンションの居住者の間で形成される仕組みがあるのが

一般的である。しかし、これが賃貸マンションともなると、しっかりとした管理会社が運営する賃貸物件であったとしても、住人同士がコミュニケーションを持ち合うケースは皆無に等しいといっても過言ではない。むしろ、家主や管理会社は、集団的な交渉をされる恐れて、賃貸マンション内に積極的にコミュニティを作ろうという動きはほとんどないと言ってもよい。

　賃貸の居住環境では、せっかく多くの人たちが一緒の場所に集まって住んでいるのに、子どもや老人をはじめとしてハンディキャップを持つ方々などの社会的弱者が安心して心地よくすごせる居場所になっているとは言い難く、ましてや何かが起きたときのシェルターの役割機能を期待することは難しいと言わざるをえない。

　これからの賃貸マンションにおいても「どうしたら社会的弱者が心から安

写真4　「クレエ浮間舟渡」全景

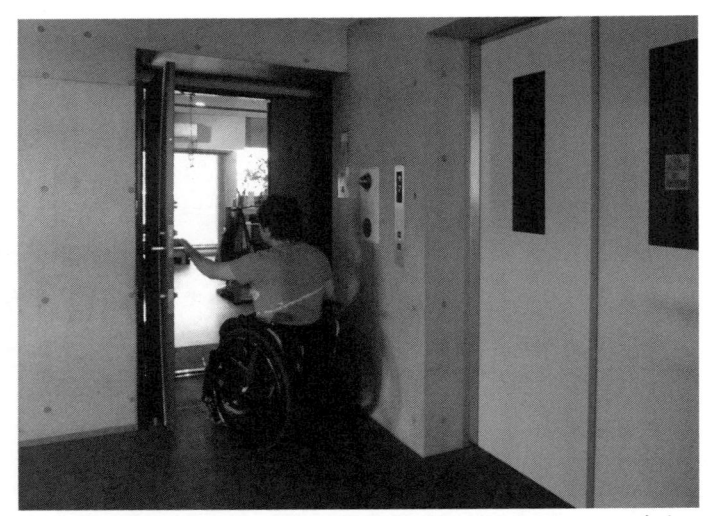

写真5　大型バイクも持ち込める設計は同時にユニバーサルデザインも実現している

心して住める住まいをつくり、運営していけるか？」が新たな課題となってくる。賃貸マンションにおける居住福祉とは、単なるユニバーサルデザインやセキュリティカメラなどの物理的な機能が満たされているかだけではなく、同じ場所に住む居住者同士がお互いの顔を知り、自前のコミュニティを形成できるかどうかが、質の高い居住安心感や満足感を実現するための必要不可欠な要素と言える。そのような賃貸集合住宅におけるコミュニティの形成と発展を実現するためには、実は賃貸経営する側からの積極的なアプローチが必要である。ただし、それは、家主や管理会社が運営を居住者に一方的に依頼したり、何かのイベントを開催したり、してもらうことなどで簡単に実現するものではない。むしろ集合住宅を企画設計し居住者を募集する段階で、コミュニティ作りに不可欠な触媒となるコンセプトワークや仕組み作りの準備が不可欠である。

　分譲マンションでは、行政や大手ディベロッパーが試みる「ミックスドコミュニティ」や、最近成功事例が聞こえてくる「コレクティブハウジング」などの新しい居住形式が成果を挙げている。賃貸事業分野の事例では、最近は

「シェアハウス」や「コモンハウス」とも呼ばれる共用設備や共用スペースを備えた取り組みに人気が集まっている。それは、単に賃料が安いというだけではなく、積極的に人と人とのふれあいを求めて入居を希望するケースも増えてきていると考えられる。必ずしも自発的なコミュニティの形成にまで至るケースは多くはないが、時代に即した今後の新しい取り組みとして注目に値すると思う。

　賃貸住宅経営者も、地域の実情や入居者のニーズにあった管理ソフトプログラムやコミュニティに取り組み、「新しいミックスドコミュニティ」の成功事例を積み重ねつつ、民間賃貸集合住宅にも、こうしたコミュニティ形成が広まってゆくように考えていくことが大切であり、今後は社会的支援制度や奨励のための評価制度などを行政が推進することを強く望み、働きかけてゆきたい。

第 4 章

地域産業としての住宅づくり

1　居住福祉型住宅地の実験
　　——埼玉県とコラボ、子育て建て売り第 1 号認定——
　　　　　　　　　　　　　　　　　　　　　　　ポラスグループ

2　家族を幸せにする住宅づくりこそ
　社会を支える基盤となる
　　——入居した後が地域産業我々の仕事が始まる——
　　　　　　　　　　　　　　　　　　　　　　　ビーバーハウス

1　居住福祉型住宅地の実験
　──埼玉県とコラボ、子育て建て売り第1号認定──

ポラスグループ　中内啓夫

　ポラスグループは1969年の創業(当時は中央住宅社という個人経営)以来「地域密着型経営の推進」を掲げ、分譲住宅、注文住宅の建設を中心に現在は、土地の仕入れから資材の調達・加工、施工、営業、販売、そして入居後のアフターサービスまですべての工程を自社が責任をもって管理・チェックする「直営責任一貫施工体制」を確立し、「見えないところにも力を注ぐ」という良い家づくりに邁進している。

1．生活感覚から必要なモノ

　それは私の父で創業者の故中内俊三の「生活感覚から必要なモノを売る」という精神に基づく。中内は徳島県出身。今の本社のある埼玉県越谷市には、果物を販売するためにやってきた。不動産業を始めたきっかけは、バナナを買うお客さんから「いい家を見つけたい」という相談を受け、「自分も家がほしい」と考えたからだった。

　創業時は不動産仲介業であった。ところが、家を販売していると多くのクレームをつけられるようになった。「粗悪な家を売りたくない。そうならないためには自分で良質な住宅をつくるしかない」と思ったのが建売住宅を始めたきっかけであった。「直営一貫体制」もその思いをベースに、材木を仕入れる会社、木材をプレカット加工する工場、大工、施工業者を管理する会社などを次々と設立して、一つ一つ積み上げて確立していったものである。

　「顧客第一主義」という精神の発揮は「住宅」だけに限らない。越谷市一帯

1　居住福祉型住宅地の実験　71

は高度経済成長期、人口が急増した新興住宅地であり、古い歴史のある街のようには各種の店やサービスがそろっているわけではなかった。住宅に欠かせない植栽の会社、ガス会社など住宅関連だけでなく、「この辺はお蕎麦屋しかない」と聞けば、うどん屋やイタリア料理店を開業した。これらの業務は24社あるポラスグループの中で営業を続けている。

2．踊り手5千人の南越谷阿波踊り

　その精神は「商売」だけで発揮されたわけではなかった。今年29回目を迎える「南越谷阿波踊り」も「生活の必要」に応えたものである。毎年、徳島の阿波踊りの翌週となる8月第3週の土日曜に、東武伊勢崎線新越谷駅、JR武蔵野線南越谷駅一帯を車両通行止めにして開催され、本場徳島からの指導も仰ぎ、踊り手は延べ約5千人、観客は延べ約60万人に達する。関東で最大級の夏祭りになった阿波踊りをポラスグループの社員約2400人が全面支援する。中内の口癖は「会社はつぶれても阿波踊りは潰すな」であった。

　ポラスグループは、埼玉県南東部の新興住宅地の開発で成長した会社である。この地に新しい家を求めた顧客の多くは地方出身である。新しい住民同

写真1　南越谷阿波踊り

士や地元住民とが交流する催しも少なく、ここをふるさとと考える意識が育ちにくい状況であった。そこで中内が「ここをふるさとと思う住民を増やしたい」と当初考えたのが、盆踊り大会を各地で開くことであった。しかしあちこちで住宅開発が進み、開催場所が増えることで収拾がつかなくなり、思いついたのが、自分の故郷の夏を彩る阿波踊りであった。

ポラスグループ全体の年間売上高が約1343億円（連結全体、2011年度）に達した現在でも、企業としての「土着性」を見失ってはいない。事業エリアは、越谷から車で1時間程度走れば駆けつけられる埼玉県東部、千葉県北西部、東京23区北部、茨城県南西部という40km圏内に限っている。引き渡した住宅で「万が一」問題が発生した場合でも、迅速に対応できるようにするためである。同時に社員のほとんども地域住民であり、地域の実情に精通し地域住民の信頼を得るためにも「地域密着型経営」が重要なのである。「ポラス」とは、ラテン語で北極星を意味し、明日のあるべき住宅産業界の秩序形成の核になることを意図している。

3. コモン広場のある住宅地

地元を重視したプロジェクトの一つに「越谷ゆいまーる」がある。2006年12月に越谷市が行った「住宅開発提案競技」の優勝プロジェクトとして開発が行われた。「住宅開発提案競技」は越谷市役所が主催し、同市西大袋土地区画整理事業の保留地を利用して、地元の建築・不動産メーカー数社が参加して、今後の西大袋地区の街並みを誘導するモデル住宅地開発の提案競技を行うというものであった。「優勝プロジェクト」を提案した企業だけがその保留地を取得して住宅地を開発できるというものであった。

そのころ、都市部とその周辺部を中心に「地域コミュニティの崩壊」が社会問題となり、残念な事件がたびたび新聞紙面に取り上げられていた。環境問題は更に深刻さを増し、二酸化炭素（$Co2$）や熱エネルギーの排出の問題は自動車や企業のみならず、一般家庭からの排出についても注目され始めていた。こうした社会背景、及び西大袋土地区画整理事業の掲げる「緑豊かな我

写真2 「越谷ゆいまーる」

がまちの創造」という計画理念の本質を考えて、コミュニティと環境に真摯に向き合う街づくりを従来の常識にとらわれない区画計画を土台に「先取挑戦の精神」で取り組むこととなった。企画設計責任者の本堂洋一（㈱中央住宅戸建分譲事業部営業企画設計課係長）にとっても願ってもない試みだった。

東武伊勢崎線の大袋駅の西方1.5kmにある開発敷地は約1576㎡。都市計画法に基づく地区計画で用途や面積、建物の高さや意匠などが厳しく制限されている。通常の開発ならば9〜10戸の住宅が建つが、われわれの提案は、それを木造2階建ての8戸に減らし、各戸が平均で敷地の25％を供出する形で街区中央に緑豊かなコモン広場や街路などの共用空間を設けるというものであった。コモン広場には、各住戸の雨水を地下の貯留槽に貯め、防火用水にすると同時にその水を日中循環させるビオトープを設置。外周部にも緑地帯をつくり、緑が成長するにつれ、この一帯が屋敷林に包まれた感じになる。また、建築物の省資源・省エネルギーや景観・住環境への配慮などを総合的に評価する「CASBEE（建築物総合環境性能評価システム）」でも、全8戸のうち2戸は最高のSランクまたはAランクに、6戸はその次のAランクに評価されるようにし、断熱性能や日射を遮蔽する性能などの次世代省エネ基準も満たしている。

写真3　植栽についての住民協定に基づき草木の手入れをする住民たち

　肝心なのは、こうした環境を今後どう維持するのかである。8戸は、西大袋地区の地区計画に加えて所有地の一部をコモン広場や街路など共用空間に供出する、防犯対策として夜間も各戸が灯りを絶やさない、管理組合を結成してビオトープや、ケヤキなどの高木、植栽帯の中低木の管理、を行うなどという独自の建築協定や住民協定を結んでいる。これらを住宅購入の条件とした。これにより住民同士が「美しい街並みを守ろう」という家や環境に対する意識や価値観を共有することができる。管理組合は2008年3月に結成され、住民総出で清掃や植物の植え付け、ビオトープ周辺の植栽や生態系を学ぶ勉強会などを開いている。越谷ゆいまーるは当初、社内でも評判はいまいちだったという。本堂も「手間ひまがかかる実験的な試みだった。収益だけを考えたらやらない方がよいものであった」と話す。しかし、そうした「実験」がその後の検証を経て、データが蓄積され「育実の丘」などの最近の住宅づくりのノウハウに生かされ、その価値が認められるようになった。高い環境性能基準なども最近の住宅づくりでは自然にクリアできるようになったのである。

4.「子育て応援分譲住宅」第1号に

　埼玉県は、急速に高齢化する地域に子育て世代を取り込もうと2011年7月からマンション対象に「子育て応援住宅制度」を開始した。それを戸建分譲住宅に広げた制度を2012年6月からスタートさせている。その認定第1号になったのが、ポラスマイホームプラザが販売した、さいたま市緑区の「育実の丘」(37戸)である。2013年3月に完成し入居が始まったが、その認定基準は、住戸の敷地や床面積が一定以上あること、子どもの様子が確認しやすい対面式キッチンなどを採用している、階段に踊り場を設けるなどの安全確保といった必須条件に加え、分譲事業者が入居者と地域住民とのふれあいイベントを実施する、団地内の公園や集会所などを活用した遊び場の確保などが選択的な条件となり、幼稚園・保育園、小学校、図書館、商店街などへの近さといった立地条件も点数化され一定点数以上の確保が求められている。

　「育実の丘」の住宅設計では、玄関の土間を広くしてベビーカーをすっきり仕舞える工夫をしたり、居間にスタディーカウンターを設けて子どもたちが母親の目の前で勉強をする環境をつくったり、そのことによって家族が一つの部屋に集まり光熱費の節約や家族の絆を強めたりする効果を狙っている。コミュニティづくりでは、今年春の入居開始を祝う「街びらきイベント」ではガレージセールを企画している。お金で売り買いするのではなく、「子育て世代」といっても子どもの年齢はさまざまであり、不要になった衣類や自転車、家庭用品などを物々交換するためのものである。

　団地内の各住戸には、アプリコット(アンズ)とオリーブという実のなる木を植えたことも、家族の絆やコミュニティを育てるための仕掛けである。これらの木は互いに花粉を飛ばすことで実がなり、収穫時にはアプリコット・ジャムづくりやオリーブ油を使った料理会を住民が開く機会になるというわけである。住民が実のなる木に関心を持てば植栽の手入れにも関心が高まり、それによって街並みも美しくなるという算段である。

　担当した設計課係長の高橋健太郎は「もともと子育てへの配慮やコミュニ

ティづくりに力を入れてきたので、子育て支援認定もその延長上で可能だった」と話す。これまでの蓄積が住宅地づくりにとっても大切だと実感している。

2 家族を幸せにする住宅づくりこそ
社会を支える基盤となる
―― 入居した後が地域産業我々の仕事が始まる ――

ビーバーハウス　川野悠一

　株式会社ビーバーハウス（大阪市平野区喜連西4丁目）は1969年に創業し、南大阪地域を中心に、1977年に、耐震、耐火、耐久に優れたツーバイフォー工法の前身のナプコホームを採用し、83年からは、全面的にツーバイフォー工法に切り替えて質的なレベルアップを実現し、精度の高い木造住宅づくりに取り組んでいる。創業以来では8460戸の住宅を完成させており、「地域社会への貢献、共存共栄」を社是としている。賃貸住宅の経営や中古住宅販売やリフォームなどの事業も含め従業員はグループ全体で約120人という中堅の住宅メーカーである。

1. 永く住み続けられる住宅地づくり

　当社の最近の仕事では「八尾ラヴィー」というプロジェクトがある。2009年、少子化に伴って廃校となった大阪府立八尾南高校の跡地の一部約10069㎡を買収し、85区画の住宅地を造成・分譲した。「ラヴィー」とはフランス語で生活・暮らしを意味する言葉である。顧客にまず分譲地を買ってもらい、当社が住宅を建てる「売り建て」という方式である。おかげさまで2010年春の販売開始から約4か月で完売した。

　八尾市は2008年に「八尾南高校跡地活用基本構想」を策定し、2009年に策定された整備計画で、北側の校舎跡地部分は住宅地、南側のグラウンド・体育館などの跡地は「防災公園」として位置付けた。このうちの公園部分は2012年に「南木の本第2公園」としてオープンしている。公園の整備につい

写真1　防災公園と隣接する「八尾ラヴィー」分譲地街並み

ては、ワークショップが開催され、多くの市民が参加して公園の利便性向上や課題について話し合い、整備計画に反映されている。

　当社はその北側の住宅地の部分を入札し・落札した。その企画にあたり、防災公園と隣接する分譲地として、さらに不況による閉塞感の中でどんな暮らしを提案できるか、ということをコンセプトに「Smart Life × Smile Park」というテーマに至った。翻訳すれば「かしこい暮らしをスタイルとする、笑顔あふれる公園隣接の街」である。

　建物に、省エネルギー効果の高いガス給湯器のエコジョーズを取り入れ、入居後もこうしたコンセプトを意識してもらえる標準工事を設定した。防災公園に近いことから「開放感のある町並み」を意識し、この地域の平均的な宅地面積約65㎡に対し、八尾ラヴィーは平均約90㎡と敷地を大きめにしたり、ふだんはベンチで住民同士がくつろぐ憩いの場が緊急時には緊急車両が駐車できるスペースとなるような「ポケットパーク」をつくったりと、【八尾市で永く住み続けられる】住宅地となるよう配慮している。防災公園を利用してジョギングや散歩など毎日の健康を心がけていただけるような生活提案も同様に行った。

ビーバーハウス創業の1969年は、当時の建設省（現在の国土交通省）が新築住宅着工戸数の統計を取り始めた年である。私はこの年を日本の「住宅元年」と見ている。

2. 事前の地盤調査を徹底する

　建設省は太平洋戦争の敗戦以後の国民の悲願であった持ち家住宅の拡大政策を全面的に推進してきた。当社も高度経済成長の波に乗って積極的な事業展開を推し進め、大阪市内や大阪府北部、奈良、和歌山にも展開していた。当時は、建てれば売れる、という時代であった。しかし、量的な拡大に目を奪われ、質の軽視による顧客からのクレームが多くなり、社是の「地域社会への貢献、共存共栄」に反することになってしまった。

　このため、1977年に、社内にアフターサービス部門を設置し、顧客の了解印がなければ、クレームのリストから外さない方針としたが、顧客はなかなか納得しない。それは、最初に建てた住宅自体に問題があると判断し、建物の中間検査、完成検査を徹底して行うようにした。私は営業畑のため専門的なことはわからないが、創業からまもなく、工務店の親方4人を引き連れて検査に行ったことがある。完成した住宅を見て、「これではだめ。潰して建て替えろ」と言うと親方らは青くなった。顧客が「部分修復でよい」と割って入ったので止むを得ず、顧客の意見に従った。これを機に工事費はアップしたが、工事内容は飛躍的にアップしたと自負している。

　建築前には必ず、地盤の調査を行うなど地盤対策にも力を入れている。約24年前に、スウェーデン式地耐力調査という地盤調査を始め、現在は専門の地盤保証会社に依頼している。南大阪一帯は、大昔は海で地盤が弱く、完成後10年ほどすると見た目ではわかりにくいが、少しぶれるケースがある。最近は大阪府など行政側も力を入れているが、当社は以前から軟弱な地盤には必ず杭を打つことにしている。住宅には地域性があり、「方程式通り」にはいかない。建築現場の周囲の聞き込みを行い、古くから住んでいる老人から「あの土地には廃材が埋まっている」などを聞き出すのも大事なことであ

る。地域によっては、風の影響を受けやすく横殴りの雨の対策が必要になる場合もある。

　当社では、行政の建物完成検査日前には、現場監督はもちろんのこと施工した工務店や大工さんに対し清掃などを徹底することを求め、品質管理に注意してきた。完成した家を引き渡す際には清掃を徹底させているし、社員や協力する工務店などでつくる協力会のメンバーが一緒に工事中の現場をパトロールしている。良い工事をするには工事を監督する者がしっかりしないといけない。検査も重要だが、工事中にしっかり監督していることが肝心である。そうしてきたことが、バブル崩壊を経て多くの住宅メーカーが消えていくなかで、当社が生き残れた理由だと思う。

3. 問題あれば評判は一気に落ちる

　私は、住宅づくりは「地域産業」だと思っている。それは、地域社会とともに会社は共存共栄を図ることである。地域住民に、一生に一度かも知れない高いモノを買っていただくだけに地域社会の評判は大いに気になるのである。タクシーに乗って運転手さんと話をする時でも自社の評判に耳を澄ませてしまう。当社もいくつかの失敗を通して学んできたが、その経験から言えば、問題があれば、地域社会での「評判は一気に落ちる」ということである。建物の良し悪しだけではなく、大工職人や設備関係の工事人の昼間の休憩時間の態度や、たばこの吸い殻が落ちていないかどうか、まで気にせざるをえない。自社社員ではなくても、うちの仕事をする以上、言い訳は通用しない。「ビーバーならば大丈夫」という評価をいかに保つのかに腐心するしかない。おかげで、当社が住宅を建てた顧客の紹介で新たに住宅を新築するというケースも大手メーカーと比べても引けを取らないと自負している。

　当社が重視するアフターサービスは、完成後の無料の定期点検を1年、2年目に実施し、5年目には防蟻工事の推奨（有償）の案内のダイレクトメールを送り、10年目には、再点検を行った住宅をさらに10年間保証を延長する点検工事（有償）も案内している。

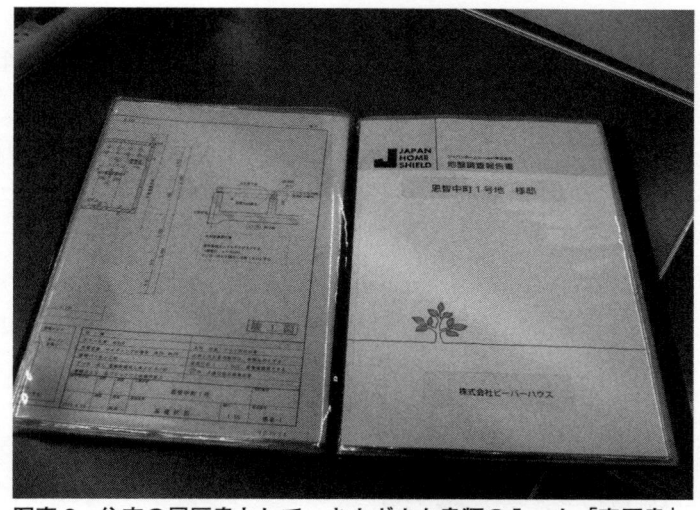

写真2　住宅の履歴書として、さまざまな書類の入った「家歴書」

　2009年からは、家の履歴書、すなわち、住宅に関する全てのことがわかる「家歴書」を全購入者に発行している。「家歴書」には、検査済証、中間検査合格証、確認済証、建築確認にかかるその他の申請書、届け出書もしくは許可証、竣工図（詳細図、仕様仕上表、構造図）、地盤調査報告書、基礎補強湿式柱状改良杭工事報告書、建材のメーカーリスト、設備図、工事写真、工程表という数種類の書類が添付されている。とくに重要なのは、各部材、部品ごとの保証期間を明記した書類である。部材の耐用年数を明記することで、住宅購入者は部材を交換する目安を立てやすくなり、住宅を維持するために必要な長期的な修繕計画の策定ができる。住宅の購入者も、入居後の部材の購入やリフォーム費用等の領収書はきっちり保管し、住宅の資産価値を自ら検証しておくことが大切である。

4. 量から質に住宅政策の転換を

　日本の人口の減少傾向から、新築住宅は減少し、中古住宅の売買やリフォーム事業が中心になってくると考えられる。すでに、日本は現在、約800万戸

の空き家住宅を抱えている。欧米ではストック重視の歴史があり、ライフスタイルとして、若い時に分譲住宅を購入し、ローンを払い、定年を迎えてから住宅を売り、それで得たキャピタルゲイン（譲渡益）で老後はアパート生活で余生を楽しむことが通常のパターンである。日本は地震が多く、雨も多い国ゆえに欧米と単純には比較できないが、日本なりのストック重視に向かうのは必至である。

　政府も2008年に住生活基本法を施行し、住宅統計開始後39年ぶりに住宅政策を量から質へ転換し、長期優良住宅、住宅性能表示、住宅履歴書制度など、ストック重視の制度づくりを進めているが、現状は極めて遅れている。米国では、住宅を大事に使い、住宅の購入価格に、リフォームにかかった価格をさらに上乗せすることで資産価値としての評価が高まるのに対し、日本では税制上、減価償却が認められているので年に資産が減少している。従って資産の大半は土地で占めている。法人所有の木造建物は22年間で、鉄筋コンクリート造のビルが50年で償却可能とされているが、個人所有の木造住宅の固定資産税評価額には全国の統一的な基準がなく自治体によってまちまちであり、曖昧なままである。中古住宅を社会的なストックとしてどう評価するのかが定まらないため、リフォームを含めても採算に乗りにくいのが現状であり、市場として十分機能しているとは言い難い。その評価方法を確立して中古住宅の流通市場を活性化させ、住宅所有者の資産価値を高めていくべきである。それには、行政と業者が協力して英知を結集すれば、より確かな資産形成ができると私は確信している。

5.　マネーじゃぶじゃぶは要注意

　日本銀行は、東日本大震災で地震前より16％増の113兆円を市場に流し、マネーがじゃぶじゃぶの市場にしているため、東北地方の金融機関をはじめ、倒産は顕在化していない。しかし、現在の日本だけでなくヨーロッパや米国でもじゃぶじゃぶに供給された資金の副作用が数年後には出てくると予想される。国民は要注意である。ご承知の通り、2001年からの小泉・竹中政権

を中心に、日本は多くの富を失った。現在、個人の純金融資産は約1000兆円あり、日本の海外における純金融資産は約250兆円を守ることができれば、大丈夫だと思うが、景気についての心配は尽きない。いずれにせよ、当社は、社会的な信用を重視し、変化の激しいニーズに対応しながら、生き残りを図っていくしかないと思っている。

　消費税は、イギリスをはじめ、かなりの国では食料品と住宅は無税になっている。消費税アップの場合は、生活必需品と住宅は据え置くべきであり、全国一高い大阪市の固定資産税については、各主要都市並に下げて経済発展を図るべきである。良質の住宅を着実に増やし、居住福祉実現のため健全な住宅資産の形成こそが、国家、国民にとってなによりも大切である。徐々にその方向に進んでいくのであろう。

第5章

居住福祉の支援システム

1 生活保護受給者に向けた食事付きアパート経営
　　──弱者への支援・社会的企業を目指して──
　　　　　　　　　　　　　　　　　　アーバン新富

2 高齢者・障害者・被災者向け住宅情報ネットワーク
　　──安心支援ネットワークの先進的例──
　　　　　　　　　　　　　　　　　　板橋宅建協会

3 復興は500万円からの「本住まい」で
　　──防災のまちづくりに取り組んできた建築家の軌跡──
　　　　　　　　　　　　　　　　　　藍設計室

4 不動産信託の活用による古民家再生
　　──「金融の地産地消」システム構築を──
　　　　　　　　　　大阪不動産コンサルティング事業協同組合

1 生活保護受給者に向けた食事付きアパート経営
──弱者への支援・社会的企業を目指して──

アーバン新富　南高夫

　私は7年前から、名古屋市中村区で、食事付きの賃貸アパート「アーバン新富」を経営している。経営方針は、ホームレス生活や病気の末、独居で行き場のない人たちが安穏な生活を送れる「終の棲家」になるように心掛けることである。名鉄東枇杷島駅から歩いて15分ほどの街中にある木造2階建てである。1部屋の面積は4畳半。トイレや洗濯場は共用、1階に食堂と炊事場、事務室、シャワーが3本で3人が同時に入れる浴槽付きの浴室がある。

1. 起業は「貧困ビジネス」への憤りから

　入居者は全部男性で24人。そのうち生活保護受給者21人、年金受給者が1人、無収入で預貯金を切り崩しながら生活している（預貯金がなくなれば生活保護に移行する）人が2人。年齢層は、若いころから脳血管障害に苦しむ40歳代後半から最高齢92歳までで平均は65歳前後であり、約9割は何らかの病気で苦しんでいる。病院をたらいまわしにされ、結局、行政による世話でここに住むようになった人が多い。
　アパートが出す食事を食べる人は16人、自炊が4人、外食などが4人である。朝食は、私が調理し300円、夕食は一般の弁当業者が作る500円。昼食はだれも食べないから今は提供していない。家賃は、名古屋市の生活保護制度で公費負担が認められている上限の月3万5千円。これに水道光熱費などの維持経費を加えて最大4万7千円であり、さらに食事代を加算して生活保護受給者が家賃分を含めた受給額11万4千円から差し引いても、数万円のお小

遣いが残ることになる。当初は、礼金や敷金ももらっていたが、建設資金の返済も順調に進み、また、こうした福祉アパートへの法規制が今後強化されることを見越して、3年前からは一切もらわないことにした。

アパート経営を始めたきっかけは約8年前、新聞やテレビで「貧困ビジネス」という、ろくな食事も出さずに狭い部屋に押し込め、生活保護費のほとんどを吸い取ってしまう悪質な福祉アパート業者のことが話題になり、関心を持ったから

写真1　車いすがすれ違うことができる廊下

である。現在、私は72歳であるが、当時は道路のガードレールを設置する職人をしていた。

在日韓国人の私には国民年金がなかった。国民年金は30年以上前に区役所に相談に行ったところ、「外国人は加入できない」と断られた。その後、加入できるようになったが、結局、無年金のままで65歳近くになっていた。「老後は何かやらんと食べていけない」と考えていたところに、行き場のない独り暮らしの人が悪質業者のくいものにされているという報道であった。

「一人親方」の不安定な職人生活をしてきた者には「ここまで来るにはずいぶん苦労したはず」と思い、東海ホームレス研究会のシンポジウムに参加した。東京・山谷地区で活動をしているＮＰＯ法人「ふるさとの会」の水田恵さんの講演を聴き、「貧困ビジネス」ではないアパート経営を志すことになった。

2．大手都市銀行が「社会的意義あり」

　中村区役所の生活保護ケースワーカーや日本福祉大学の山田壮志郎准教授（当時は講師）から、「個室」「居住者みんなが集まるスペースを確保する」「食事を提供する」「浴室を設ける」といったアパート建設のアドバイスを受けることができた。とはいっても必要なのは資金である。土地代と建物代を含め約7千万円。仕事を辞める前には多少貯金はあったが、土地代も建物の建築費の大半は借入に頼らざるを得なかった。大手都市銀行に相談したところ、担当者は「人道的で社会的な意義がある」という強い励ましの言葉をかけてくれ、当初のお金の心配はなかった。

　しかし、アパートを維持管理することは試行錯誤の連続だった。最初の3年間は、朝3時半くらいに車でここに来て午後5時ごろに帰宅した。管理人ではなくて、まるで「監視人」になっていた。体力的に厳しいこともあって、今は、朝5時ごろに来て朝食を作り、各部屋に声をかけてから7時半ごろには帰ることにした。病気がちの入居者が多いが、日中も夜間など私が居ないときは「入居者の健康で異変に気づいたらすぐに救急車を呼ぶように」と言ってある。だれでも、「大丈夫か」と聞かれたら、いくらしんどくても、「大丈夫」と言うのにきまっている。患者の健康状態は救急救命士に診てもらう方が断然いいからである。通院する病院も近

写真2　夕食のお弁当を披露する南高夫さん

くにあり、しかも、生活保護は医療費が無料である。

　入居者に守ってほしい時間は、午後4時半から7時ころまでに夕食と入浴を済ませてほしい、ということだけである。お風呂の湯は電気温水器で沸かすため、遅く入った人間には水しかでなかったことがあった。介護保険で「要介護」の入居者もいるが、毎週、ヘルパーさんが身の回りの世話をしに来る。日中は管理者がいなくても、とくに問題がないことがわかってきた。

　ただ、自分で自分の生活を管理ができない人が多い。生活保護費が入るとすぐにお小遣いとして使い尽くしてしまう人もいる。毎月の支給後、20日後くらいになると苦しくなり、お金を借りに来る人が多いが、自炊している人では自分のお金を管理して支給日まで余力を残している人もいる。私は毎朝、入居者が決められた薬をちゃんと飲んでいるのかを確認してから帰宅している。また、お酒好きの人のために、清酒パック（180cc）を箱ごと事務室で管理し、一日に2個ずつ限定で手渡して飲みすぎないにしている。本当は、飲酒は医者に止められているのであるが、酒を飲むことしか楽しみがないのである。

　女性の入居者は以前、1人だけ居たことがある。乳がんを患い、長期入院もできない80歳代の人だった。市役所のあっせんで入所しここで亡くなった。病気と闘いながらここから入院して亡くなった人は15人ほどいるが、うち2人は身内の人から引き取りを拒否され、無縁仏として葬られている。

3．従業員を雇わないことで経営が成立つ

　今後の課題は後継者である。名古屋にも、生活保護受給者に住居を提供する事業者はほかにもあるが、大規模になるほど経費がかさむのではないか。また、もっと市中心部に開所しようとすれば1億円は必要かもしれない。

　私は現在72歳。妻は持病があるので無理をさせられない身分であるが、規模を大きくせず、オーナー自らが食材を調達して調理しているから「朝食300円」でもやっていけるのであり、従業員を雇わないことが経営成立の条件なのである。もし雇うとなれば、入居者のお小遣いが減らざるを得なく

ると思う。

　このアパートは、グループホームのような福祉施設ではなく一般の住宅である。それでも、訪問介護サービスを受けることができ、介護ヘルパーが毎日のように出入りしており、オーナーが一日中そこにいる必要はない。「老後は有意義な活動をしたい」と考える定年退職者に向いている仕事かもしれない。

　もし、私がこの仕事を他人に譲るとすれば、ホームレスや生活保護を受けている人たちに理解がある人という条件を付けたい。名古屋市内のホームレスの人数は一頃の約1500人から現在はほぼ半減している。しかし、生活保護を受ける人は増加傾向にある。これまで苦労し続けてきた人たちがゆっくりと老後を過ごせる「終の棲家」を提供する仕事は、その内容はしだいに変化していくとしても、今後も必要である。

2　高齢者・障害者・被災者向け住宅情報ネットワーク
──安心支援ネットワークの先進的例──

東京都宅地建物取引業協会板橋区支部　中村勝次

　長い歴史のある板橋区で、戦後の復興期から住宅産業に関わった宅建業者が集まり、社団法人の東京宅建協会の創設に参画し、同時に板橋区支部を設立してから、45年余りが過ぎた。不動産の重要性と専門家としての社会的使命を自覚し、現在、当支部は480名の会員で公正で安心な取引と秩序の確立に努めながら活動を続けている。当支部は不動産業界の発展と、よりよい住まいの提供を目指し、さまざまな事業を展開している。

　不動産無料相談所を開設し、消費者のみなさまの相談を受け、適切なアドバイスをさせていただくことで貸主や借主のケアを図ってきた。会員に向けては、法定研修会等を実施することで情報・知識面でもバックアップしてきた。情報提供としては、宅建協会の会員店や物件を紹介するハトマークネットの開設や、レインズ（財団法人東日本不動産流通機構）の設立にも参画し、不動産業界の発展に寄与してきた。

　行政との連携も重要である。板橋区は政策の基本目標として、(1)安心して子どもを産み育てられるまち、(2)次世代の生きる力をはぐくむまち、(3)一人ひとりが健康づくりに取り組むまち、(4)生涯を通じてこころ豊かに過ごせるまち、(5)自立とふれあいにより社会参加ができるまち、(6)すべての人が個性や能力を発揮して活躍するまち、(7)地域の課題を協働で解決するまち、(8)地域源を生かした新たな産業を創造するまち、(9)豊かな地域文化をはぐくむまち、(10)異なる文化や価値観を尊重し合い交流するまち、(11)安全・安心活動に取り組むまち、(12)地域の個性を生かした美しいまち、(13)環境を守り資源を大切に利用するまち─などを掲げており、区の「住宅

板橋区高齢者等世帯住宅情報ネットワーク事業

(1) 新規／更新 成約実績 一覧表

年度	期	新規	更新	成約計	年度計
平成13年	H13.1	31	36	67	299
	H13.2	24	29	53	
	H13.3	21	30	51	
	H13.4	47	81	128	
平成14年	H14.1	33	52	85	372
	H14.2	23	37	60	
	H14.3	44	59	103	
	H14.4	42	82	124	
平成15年	H15.1	38	82	120	444
	H15.2	26	68	94	
	H15.3	31	50	81	
	H15.4	55	94	149	
平成16年	H16.1	32	81	113	574
	H16.2	49	115	164	
	H16.3	37	71	108	
	H16.4	63	126	189	
平成17年	H17.1	48	116	164	661
	H17.2	63	90	153	
	H17.3	50	87	137	
	H17.4	71	136	207	
平成18年	H18.1	52	147	199	665
	H18.2	48	108	156	
	H18.3	45	138	183	
	H18.4	38	89	127	
平成19年	H19.1	56	169	225	742
	H19.2	34	97	131	
	H19.3	52	104	156	
	H19.4	59	171	230	
平成20年	H20.1	73	205	278	1080
	H20.2	51	157	208	
	H20.3	65	215	280	
	H20.4	68	246	314	
平成21年	H21.1	64	253	317	1071
	H21.2	64	192	256	
	H21.3	61	177	238	
	H21.4	73	187	260	
平成22年	H22.1	72	207	279	1044
	H22.2	58	176	234	
	H22.3	57	245	302	
	H22.4	45	184	229	

(2) 属性／成約実績 一覧表

年度	期	高齢者	障害者	ひとり親	多子	その他	成約計
平成13年	H13.1	53	6	7	-	1	67
	H13.2	45	2	6	-	0	53
	H13.3	46	1	4	-	0	51
	H13.4	100	10	17	-	1	128
平成14年	H14.1	61	11	13	-	0	85
	H14.2	37	10	13	-	0	60
	H14.3	75	9	16	-	3	103
	H14.4	92	7	24	-	1	124
平成15年	H15.1	94	7	18	-	1	120
	H15.2	78	4	12	-	0	94
	H15.3	62	9	10	-	0	81
	H15.4	95	12	41	-	1	149
平成16年	H16.1	83	9	20	-	1	113
	H16.2	125	5	28	4	2	164
	H16.3	74	9	14	11	0	108
	H16.4	127	15	35	8	4	189
平成17年	H17.1	129	9	19	6	1	164
	H17.2	105	9	31	8	0	153
	H17.3	93	10	21	12	1	137
	H17.4	161	5	27	9	5	207
平成18年	H18.1	162	8	23	4	2	199
	H18.2	110	6	30	8	2	156
	H18.3	142	9	22	3	7	183
	H18.4	94	2	23	8	0	127
平成19年	H19.1	203	3	17	0	2	225
	H19.2	89	11	16	8	7	131
	H19.3	114	12	21	4	5	156
	H19.4	161	10	42	10	7	230
平成20年	H20.1	206	29	32	7	4	278
	H20.2	165	12	25	3	3	208
	H20.3	230	6	31	9	4	280
	H20.4	265	5	32	6	6	314
平成21年	H21.1	265	12	30	4	6	317
	H21.2	203	6	32	8	7	256
	H21.3	188	10	22	8	10	238
	H21.4	195	10	32	15	8	260
平成22年	H22.1	212	10	39	9	9	279
	H22.2	192	5	28	4	5	234
	H22.3	251	6	26	14	5	302
	H22.4	190	4	27	5	3	229

出所：公益社団法人東京都宅地建物取引業協会　板橋区支部

マスタープラン」も、基本理念を「住まいは、いのちを守る基盤、個性をはぐくむ器」(第4章)と位置づけている。

　バブル崩壊後の1992年からは、板橋区内に在住する高齢者向けの住宅相談を板橋区と当支部が協力して開始した。これは当時今後予測される高齢化社会へ向けての対応窓口であり、「住まいの確保」を重要視して開設したものである。その後、1995年から「板橋区住宅情報ネットワーク事業」を確立し、継続的に事業を推進して今日に至っている。本事業は、板橋区内在住の60歳以上の方のみで構成される高齢者世帯、身体障害者手帳4級以上又は愛の手帳3度以上の方を含む障害者世帯、18歳未満の児童と父又は母のみのひとり親世帯、同居親族に18歳未満の児童が3人以上いる多子世帯を対象に、住まいを探す上で困難にならぬよう優先的に住宅情報を提供するネットワーク事業である。サービスの利用から賃貸成約に至った件数は、初年度の1995年が69件、16年で574件、2010年では1044件と年々増加傾向にある。支部としても2002年に「板橋区高齢者等住宅斡旋相談委員会」を設置し、対応の強化に努めてきた。今後も継続して活動していくつもりである。

　また今年度、東日本大震災の復興支援策として被災者が早く自立して住まう家を確保できるように、仲介手数料を無報酬で紹介できる物件も会員から募った。一日も早く復旧・復興できるよう心より祈っている。

　最後に、高齢者住宅相談を始めて約20年が経過したが、独居老人の孤独死等の問題がより深刻な状況に入ったことを深く痛感している。私どもの求める居住福祉とは「安心して住める住宅」を斡旋することであり、今後も引き続き努力は惜しまず、行政、関係団体、諸機関と協議を進めつつ、当支部も社会的責任を果たすべく尽力していきたいと思っている。

3 復興は500万円からの「本住まい」で
―― 防災のまちづくりに取り組んできた建築家の軌跡 ――

藍設計室　鯨井勇

　1995年1月の阪神淡路大震災では被災建築相談員として現地に入り、被害の惨状を目の当たりにした。以来、私は設計者の一人として新築だけでなく、既存住宅・マンションの耐震補強にも取り組んできた。2011年3月11日の東日本大震災の際、東北に住むクライアントの安否、家の状況が気がかりで連絡をいれた。その後、各地へ状況を確認しに向かった。その周囲では、ブロック塀や墓石が倒れ、横浜や浦安（千葉県）では液状化現象が著しく、被害の大きさを感じた。とりわけ心配だった東北地方のクライアントには連絡がなかなかつながらずに焦ったが、「うちは大丈夫だ。うちの土間に近所の人が寝泊まりしている」などの無事が確認できたときは大変安堵した。ただ、1軒、福島県浪江町に設計した家だけが津波の被害を受けた。築3年、30代の夫妻の家である。設計時は津波浸水予測地域の外にあることを確認し、更に地盤をかさ上げした上、耐震のための基礎と太い柱を緊結するホールダウン金具をとりつけていた。震災後、インターネットで確認すると周囲の家々は押し流され、広大な平地の中にこの1軒だけがぽつんと残っているのが確認できた。後日、現地に入ると、津波は、家の中の戸やふすまを全て押し流し、家の主要構造等を残して通過したようだった。戸を外すと広い空間になり、しっかりとした建物全体を骨太の大黒柱が支える、民家造りだったことで倒壊を免れた。

1. 「食」を通じての縁をきっかけに

　当時はガソリンの不足もあり、私たちの訪問が津波や原発事故の被害にあった地元の負担にならないようにと、縁のある東北太平洋岸の地域を訪れたのは4月上旬であった。事務所のスタッフら3人で車に乗り、岩手県遠野市から大槌町に入り、南下して宮城県女川町や浪江町等を訪れた。女川町や大槌町との縁は「食」を通じてであった。

　それは、1995年から数年間、JR総武線両国駅等で開いた「朝市夕市・両国駅！」に始まる。「五穀豊穣の神事にもつながる」相撲の殿堂、両国国技館前にある同駅の旧駅舎は今、飲食店が入っているが、1930年に建造された歴史的な建物である。かつては東京の東玄関の終着駅として、千葉方面から農産物や海産物を担いで消費地・東京に売りに来るおばさんたちが降り立った食糧集積基地だった。「朝市夕市」は、利用されず荒れた状態だった旧駅舎とプラットホームを活用し、産直市を開き、疲弊する日本の農山漁村の活性化につなげようという試みだった。この催しを続けたことによって、日本の食糧自給率等、また捕鯨問題などからも日本の食文化の原点を強く感じることになっていく。自分の名前であることから縁は深いと想われがちだが・・・。女川はかつて東北有数の捕鯨基地であった。大槌町も町内に鯨山、小鯨山という山と、周辺には捕獲したクジラを供養する鯨塚がある。江戸時代、冷害などで食糧事情が厳しい東北地方にあって、鯨は貴重な食料であった。一頭が浜に上がると、その肉を訪れた人たちにも分け与えたという話も伝えられている。

　女川や牡鹿半島の人たちとは震災前、「両国朝市夕市」以来のつきあいのある、日本のさかな食文化を守るNPOウーマンズフォーラム魚（WFF）の一員として、東京で鯨料理の講習会や小学校での秋刀魚学習等に参加していた。鯨は、骨から皮まですべてを使い尽くす無駄のない資源であり、「自然のサイクル」を象徴する生き物でもある。

2. 町を俯瞰するジオラマを制作

　そんな縁のある2つの町はいずれも町役場庁舎が大津波で流され、大槌町では町長が亡くなる大惨事にみまわれた。女川町では18㍍の高台上まで浸水し、津波はさらに遡上し町はずれの峠の反対側まで流れ込んでいた。震災後この町の夜は真っ暗になり、その中に自分をおいてみると突き上げるような闇の恐怖を感じた。「両町のために何かをしたい」と考えたのがジオラマの制作だった。

　両町とも庁舎とともに復興に必要な地図や資料も全て流され、とくに一般の住民は、地図等を使って町の将来像を俯瞰しながら考える機会を全く奪われている状況だった。町民がまず、町の地形を知り、まちづくりに参加するためには、町を俯瞰できる、地形のジオラマが必要だと考えた。そんな考えに共鳴してくれたのが女川の有志たちであった。以前から交流のあった日本のさかな食文化を守る活動を続けているWFFが東京の水産会社から鯨肉を取り寄せ、女川の女性たちと共に約20人で11年5月21、22日、地元で昔から食べられていた鯨肉の竜田揚げや鯨の皮を使った鯨汁の各1000食の炊き出しを行った。

　私はその炊き出しの準備作業中に、地形のジオラマ制作等を提案したところ、前向きの意見をもらうことができた。翌日に開かれる女川町復興連絡協議会への参加を求められ、その結果、ジオラマを制作の理解を得た。ただ、ジオラマをつくることで被災者の心の痛みを拡大しないかという心配もあった。ジオラマに貼る航空写真を被災前、被災後の姿にするのか気がかりであった。女川町は人口が約1万人。今回の震災で約1千人が死亡または行方不明になり、世帯数の4分の3が家を失った。だれもが心に深い傷を負っていた。それでも、復興協議会では「震災で被害を受けたままの姿でジオラマにしてほしい」という力強い希望があり、さっそく制作に取りかかった。

　津波で、町の2500分の1の基本図は失われ、県庁にも適当な地図はなかった。このため国土地理院を訪ね国土基本図(5000分の1の黒白写真図)を入手し、インターネットで航空写真の情報を集め、東京で5000分の1のジ

3 復興は500万円からの「本住まい」で 97

写真1 浪江町で残った骨太に設計した住宅

オラマが11年6月21日に完成した。大槌町からも同様な要請があり、しだいにボランティアの方々の理解を得られるようになって、9月には大槌町の5000分の1のジオラマも完成させた。

女川町のジオラマはプラスチック製の段ボールを積み重ねたもので、当初

写真2 女川小学校総合学習「復興大作戦」

は町の中心部の畳3畳分、のちにそれを町全域や海底部分にまで広げて6畳分の大きさになった。海底部分を加えることで、山から流れ出る栄養分が海を育て、その海は女川名産のカキ等を育んできた豊かな場所である、という認識を深めるためでもあった。山が海に迫るリアス式の海岸の地形が俯瞰でき、被害を受けていない地域も一目でわかるものである。政府が計画する住宅の高台移転にしても、それを実施するには、植生、水脈、雨水の流れ、季節ごとの風向きなどの地形を熟知しなければ山崩れの危険だけでなく、山から海に流れ出る水は、海の魚介類の生息にも影響を与えてしまう。

3. 住民の「心の目線」を顕在化する

　そのためには、県や町が持つ基礎データをジオラマの上に写し出すとともに、昔からこの地に住み、「土地の履歴」を生活の中で熟知している町民の多くが新しいまちづくりに参加できるようにする。つまり、最終的な決定権を町民が持つ住民参加型の復興を支援する手段として考え、ジオラマに載せる情報として、とくに重視したのが植生図である。植物の種類や人工林や自然林などの区別を色で表現することで、この地域の原風景を実体として理解できるようになる。

　私たちは日常生活の中で、地上の限られた地点からしか自分たちの住む町を見ることができない。住民も「早く住む所がほしい」との気持ちから、自然環境を深く考えずに「形」からだけ見た復興構想に飛びつきやすい。しかし、それは阪神大震災の復興過程で建てられた高層の復興住宅でも起きている「孤立化」といった問題や、百年、二百年後の町のあり方を見失う結果に陥りやすくなる。住む町を俯瞰し高い所から見ることを体験することで、これとは違った目線を持つことができる。それは、天地創造の神々のような天上からの目線であり、住民の「心の中にある目線」を顕在化できる。

　実際、町の住民に見てもらうと、山の岩盤の柔らかい所と堅い所はどこなのか等の情報を聞くことができた。みんなで地図上の場所を指しあい、自分の気持ち・知識を具体的に現すことができるのがジオラマなのである。それ

らの情報は次第に蓄積され、作成された計画の上にはまだできていない道など、住民の近未来の要望も書き加えられている。

　ジオラマの制作は、大半を事務所のスタッフが行ったが、本当は町の将来を担う地元の高校生に、最後の植生等は手伝ってもらいたかったがそれは実現しなかった。その代わり、女川第二小学校の6年生が2011年7月から2013年3月の卒業まで、総合学習「女川町復興大作戦」という授業の一環として、活用することになった。また、同町復興連絡協議会の協力を得て、当初制作したのとは別に、FRP製の白いジオラマを新たに作成し、その上に県植生調査に基づいてアカマツやスギ、果樹園、伐採地、市街地などの色分けをしたものを授業に使った。最初の授業では、子どもたちに付箋紙に将来の希望を書いてもらった。すると、イオンなどの大手スーパーや・ディズニーランド・高層マンション・大型の温泉施設等がほしい、といったテーマパーク風のようなものもあったが、それでも高台への避難路、花いっぱいの町に等、大いに意義のある提案であった。というのは、子どもたちが町の将来を語ることになれば、大人の親たちはこの町を捨て去ることもなく、子どもの目が町の復興に向けば親の目も同じ方向に向く。子どもたちの描く将来像は学習が進むうちに次第に現実を直視するものに近づき、最後には、チームごとに地図の上に旗をプロットして、「商店街の復興」などの「町の未来像」を提案し、町民に発表した。

　今は中学生になったが、この授業を受けた佐藤柚希君はこんな詩を書いている。「女川は流されたのではない　新しい女川に生まれ変わるんだ　人々は負けずに待ち続ける　新しい女川に住む喜びを感じるために」。今、町を見下ろす高台に、それは横断幕として掲げられている。

4.「おながわ秋刀魚収穫祭」を東京で開く

　そんな子どもたちの夢を実現するには、ほかの地域の協力が必要であり、自然環境を理解し大切にすることである。前に述べた鯨肉の竜田揚げや鯨汁の炊き出しを手伝ったWFFと女川町との交流の歴史は長く、東京都板橋区

との交流にも続いていた。WFFは全国約6千の漁村と東京の消費者を結ぶ活動をしている。女川町の住民が1998年にWFFを訪問し、当時の町長と東京都板橋区長を引き合わせたことに始まる。同年12月、板橋区立板橋第二小学校で「浜のかあさんと語ろう会」が開かれた。

浜のおかあさんたちはサンマの開き方や食べ方を指導し、翌年11月には同第三小学校で「語ろう会」に加えて、「1000匹のサンマ焼き大会」も開かれた。おいしい女川のサンマを消費者に知ってもらうイベントである。2001年には小学生20人の豆記者たちが女川へ体験取材に行った。「語ろう会」と「サンマ焼き大会」は毎年の恒例行事になっていたが、2006年に起こった女川での漁船事故で中止となり、以来、途絶えていたのである。

WFFは、東日本大震災後の「炊き出し」また、現在大学生になっている豆記者たちと共に募金活動等を通して、交流の復活にも取り組んだ。その後、板橋区内の企業経営者等もこれに呼応し2012年10月20日、東京・日比谷公園での「おながわ秋刀魚収獲祭ｉｎ日比谷」の開催につながった。それは、東京都が女川町のがれき約6万トンを引き受けたことへの「お礼」の意味でサンマ6万匹を無料で配るものだったが、地域同士の交流の大切さを再認識することでもあった。「女川のサンマがおいしい」というだけではなく、女川の子どもたちが郷土の夢を失わないように、という強いメッセージを受け止めてほしいという思いからであった。

今回の東日本大震災を受けて「防災対策」や「復興」のあり方が問われている。1000年のサイクルで起きる大きな自然の脅威には、人間の技術の進歩や発展だけでは抗し難いことを思い知らされた。人間の産み出したものが自然を征服することなど不可能である。われわれは何をなすべきか、従来のように単体の技術だけでそれを克服することは難しいことを意味している。震災では、東京の超高層ビルもひびが入るなど被害を受けている。地下に非常用発電・集中配電施設を置いているビルは津波がくれば、その機能全体を喪失する。今回の大震災の教訓としては、建物自体の耐震性は、大地震や耐震偽装などの問題が起きるたびに法的な基準が改定され、建物単体は崩壊を免れるとしても、町全体の安全はどうなるのか、という非日常の想像力の大切

さを教えてくれたと思う。それは、今後予想される首都直下型地震や、東海、東南海、南海の海溝型の大地震に対する備えとして生かされなければならない。私が参加しているNPO法人耐震総合安全機構では従来から、建物単体のみならず、まちづくりまで調査・研究等を行っている。

5. ハモニカ横丁の防災対策

　そうした私の取り組みに東京都武蔵野市のJR吉祥寺駅前にある「ハモニカ横丁」の防災対策がある。終戦直後から、木造の商店が密集し、建物の老朽化も進んでいる。飲食店だけでなく、花屋や魚屋など約100軒の店が、細い6つの通路に面して17のブロックを形成している。早朝から深夜まで人の流れは絶えず、吉祥寺では人気のスポットである。だが、ガスの配管や電気の配線などの更新工事はほとんど進まず、市民約1000人が2008年には、「ハモニカ横丁を安心安全な横丁にしてほしい」という要望書を市長に提出し、その直後にガス漏れ事故が起こったということもあった。

　私は、2008年に同地区の「活性化整備計画策定業務コンサルタント」を引き受けている。敷地全体は、ある寺院の所有地であるが、建物の所有権は複雑である。とくに大きな不安だったのは、電気の配線の被覆がネズミにかじられ、はだか電線になっている箇

写真3　ハモニカ横丁配線ラック・耐震補強桁

所が多数あること、木造建物土台のシロアリ等の被害など、大きな地震や火災があれば、飲食店などに集まっている客や従業員の逃げ場がなくなることである。

　老朽化を理由に立ち退かせて堅牢なビルに建て替えるといった再開発の手法もあるが、それをもし実行すれば、安くておいしい雑多なお店が軒を連ねているというこの町の魅力は一気に失われてしまうだろう。私はコンサルタントとして、地権者、店主らの組合、行政などとの合意形成、調整、説明会などを繰り返し、総合的なインフラ整備の計画案を策定した。行政側は当初、この土地が私有地であるため「助成の対象外」とのことであったが、不特定多数の人が往来する地区として整備事業を公的な事業として認めてもらうことができた。

　すでに水道、下水道、ガスの各本支管を地中に埋設する工事などが完了している。通路の上には鉄骨造の補強桁（けた）が設置され、電気配線を通すためのラックも取り付けられた。2013年春には長年問題であった電気容量の問題を解決すると共に安全のため、東電の電柱を新設する予定である。地区内には電柱が3本建てられ、さらに各建物には漏電ブレーカーを設置され災害に備える予定である。しかし、はだか電線等の危険な状態がまだ残る可能性もあり、脆弱な建物も数多い。鉄骨造りの補強桁は一見、電気配線のラックを載せるためのものに見えるが、これを設置することで木造の建物が避難通路側に倒れることをさらに防ぐことにもなる。ハモニカ状長屋の狭い路地に面した一店舗を建て替えるのは建築基準法に従えば不可能であるが、改修という形で一部の建物はS造・表道路側は鉄筋コンクリート造りに「建て替」わっている。

6.「非日常」の災害にいかに対処すべきか

　日本は地震のみならず、台風や集中豪雨など世界の中でも災害に遭うことの多い環境に位置する。ところが、建築の基準やまちづくりの制度等は新設時に適用するものだったり、日常を前提にしていたりする。建物も街も時間を経て変化し、人々の暮らし方も変わっていく。そんなときにやってくる災

害という「非日常」に合理的に対処することができない。阪神・淡路大震災でも今回の東日本大震災でも、膨大な量の仮設住宅が建設されたが、それらは数年で廃棄される運命にある。「阪神」では、高層の復興住宅が建設され、仮設住宅から多くの人が移り住んだが、入居したのは、経済的に恵まれない独り暮らしの人や高齢者の世帯が多い。孤独死が相次ぐという悲劇を招いており、高齢化が進むにつれ、空き家の大量発生も予想される。仮設住宅の建設費は1軒あたり数百万円、解体費もかかるが、わずか3年程度の使用で廃棄されてしまう。その費用は税金からであり、さらなるゴミ処理等大いなる資源のムダと言わざるを得ない。

　過去の過ちを繰り返すことのないように、私が提案するのは、「500万円からの本住まい」の建設である。仮設住宅のユニットバスやエアコン、換気扇、キッチンなどは再利用して廃棄物を極力減らし、国などによる定住促進事業等から女川では400万円の補助を受けて、賃貸住宅ではない最低500万円から持ち家を被災地に建てるという構想だ。東北地方の木材で建設する「地産地消」とし、財産として住宅を所有することで未来への資産として生かせる。仮設住宅から出てくる資材は直接、住宅の復興を目指す被災者に安価で払い下げる。それによりふるさとで頑張ろうという意欲を奮い立たせるのはやはり、自分の財産である住宅がそこにあることが大切である。鴨長明の「方丈庵」ではないが、住む・生きるという原点に立って、小さな本住まいが集まった集落ができ、そこから徐々に町を復興していく。集落が早く復活することによって地域のコミュニティが再建され、そこから経済的な活力も生まれてくるはずである。その結果、経済的な余裕ができたり、家族が増えれば、所有者が増築をしたりすることも可能であり、また、独り暮らしなどの高齢者が去って後継者がいなくなれば売却してもいい。復興公営住宅では建物はあくまで公の所有であり、それを生活上の資産として活用することは不可能である。結局、孤独死と空き家の増加を招くだけであり、町の未来が消えてしまう。

　首都直下型地震・東南海地震等が、いつ起きても不思議ではない状態にあるにもかかわらず、日本は未だ準備ができていない状況にある。活動の一つとして、津波伝承歌等を広める活動もしている。東北地方に伝わる「津波て

んでんこ」(津波がきたら各自が避難すること。実はそれだけではないことが女川で実証されたのだが……)のように、今回の教訓を子どもたちに伝えていくためである。唄は中国四川での大地震によって家族を失った方への鎮魂の唄として作曲され、女川町で中国人研修生を津波から救った佐藤充さんの行動に対し、中国の作曲家陳越氏より贈られた原曲「大地の子」を元に、日本語での作詞を四川大地震の際、08年四川被災地育成基金設立音楽会を開催する等、国内外で尽力し、自身が被災者でもある古くからの友人の星乃ミミナさんにお願いし、曲名は「あなたへアイニー」となった。長い人類の歴史の中で、その足元にある環太平洋のプレートを理解し、国を超えて災害をどう受け入れて環境を守っていくのか。一人一人が、自然へ畏敬の念を持ち、思いを強くする時代がきている。

4 不動産信託の活用による古民家再生
──「金融の地産地消」システム構築を──

大阪不動産コンサルティング事業協同組合　米田淳

　我が国に多く存在する古民家、中でも土地の流通性が比較的高い地域に存する多くの古民家や町家は、有効活用や売買に伴う取り壊しによって、駐車場や賃貸マンション、分譲住宅等にその姿を変えている。また、居住することなく手入れされず放置され、徐々に朽ちているものも多く存在する。

　一般に古民家など伝統的建築物を所有するオーナーには高齢者が多く、古民家などの改修工事費用を負担し、あるいは借入を行ってまで利用しようとするケースは少ない。実際、財産があっても、推定相続人の同意なく高齢者の意思のみで事業を行うことへの障害は大きい。また、高齢の所有者が亡くなり、相続によって遠方に居住する子息が取得したとき、古民家は処分もしくは放置されることがほとんどで、活用されるケースはまれである。

　このような古民家を再生・活用するため、不動産コンサルティング技能資格を有する者（認定不動産コンサルティングマスター）で組織する大阪不動産コンサルティング事業協同組合は、スクラップ＆ビルドによらない方法を検討し、古民家を再生させるためのスキームに不動産信託を組み込むことによって、有効活用の障害となっている古民家オーナーの資金負担を低減する古民家再生手法を考案し、実践した。

　対象となった古民家は、大阪と京都のほぼ中間に位置する衛星都市、大阪府寝屋川市にある築後約150年、江戸時代の農家住宅で、一間（幅員約1.8ｍ）ほどの道路にしか接道しておらず、そのことにより幸か不幸か開発から取り残され、何世代も生き残ってきた。

　事業は、国土交通省土地水資源局「不動産の流動化・証券化に関する実施

過程検証等事業(不動産信託部門)」の支援対象事業[1](平成21年度)として実施し、地方で採用可能な「コンパクトな不動産証券化」や、金融に頼らず地域内で資金が循環する「金融の地産地消」などをコンセプトとして、同種の悩みを抱える地方の町家・古民家などの伝統的建築物の再生に転用可能な事業として企画された。

本稿では、古民家再生に用いられた「不動産信託」「転貸借・借上げ賃料の一括前払い」「有限責任事業会社(ＬＬＰ)による事業資金の調達」からなるスキームのポイントや事業のコンセプトなどを紹介する。なお、文中における意見部分は、筆者の私見であり、筆者の所属する組織の見解ではない。

1．事業スキームの検討

建物を改修して賃貸事業を行う場合、通常はオーナー(建物の所有者)が資金を拠出し、あるいは金融機関から資金を調達することになる。しかし、当時70歳の所有者(Ａさん)は、自らが改修費用を負担し、あるいは借入をしてまで事業を行うつもりはなく、そのような提案は現実的ではなかった。

(1) 借上げ方式のリノベーション(リフォーム)賃貸

賃貸用の建物に大きな改修工事を施し、性能を向上させ、価値を高めて賃貸する方法に「リノベーション(リフォーム)賃貸」がある。

私たちは、「リノベーション(リフォーム)賃貸」で、転貸事業の借上げ方式によって改修工事資金調達する手法を「借上げ方式のリノベーション(リフォーム)賃貸」と呼び、空室の状態が続いている賃貸マンションを、居室ごとに借上げ、転貸する事業の研究を重ねていた。

この方法は、賃貸マンションのオーナーがリノベーションにあたる改修工事の資金を負担せず、一括前払いの借上げ賃料を改修工事費に充てる方法で、転貸人は、オーナーから賃貸借物件を一定期間借上げて転貸する。このとき、借上げの賃料を一括前払賃料部分と毎月払い(もしくは毎年払い)賃料部分に分け、オーナーは、一括前払い賃料部分で得た収入で改修工事を行う。一方

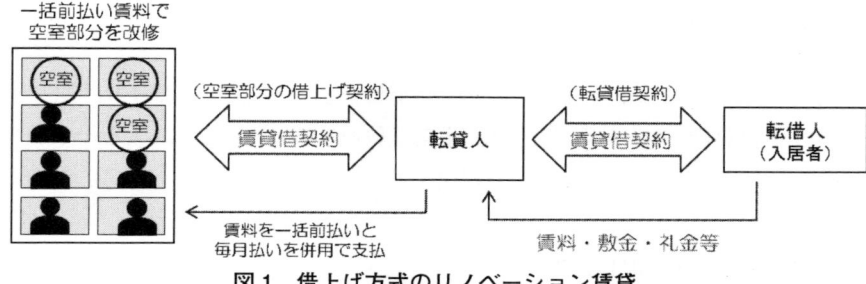

図1 借上げ方式のリノベーション賃貸

の転貸人は、一括前払い部分の賃料を、改修工事を施した居室の転貸事業で回収していく。

　オーナーが改修工事を行うのには理由がある。仮に、転貸人がオーナーに代わって改修工事を行なった場合、借上げ契約の解約時に転貸人に造作買い取り請求権[2]や有益費償還請求権[3]が発生し、結果としてオーナーが改修工事費を負担しなければならなくなってしまう。また、あらかじめ転貸人が造作買い取り請求権等を放棄すれば、借上げ契約終了時に改修部分の残存価値に相当する贈与があったとみなされる恐れもある。さらに、転貸人の所有物であるべき改修工事部分は、建物本体の従として付合[4]し、オーナーが付合した改修工事部分の所有権を取得することになって、転貸人の財産（改修工事部分）は保全は困難になる。

　一方、「借上げ方式のリノベーション（リフォーム）賃貸」においても、一括前払い賃料の未経過期間にあたる転貸人の債権の保全をどうするかという問題は残る。区分所有建物でない賃貸マンションの居室ごとに賃借権を設定することはできないし、抵当権についても同様である。仮に建物全体をこの事業の対象にして抵当権を設定することができたとしても、対象不動産の相続や売却、後順位抵当権の設定、差押など、事業の安定性をおびやかしかねない事態が生じないとも限らない。

　転貸人が、これらのリスクがあることを承知の上で、このリノベーション賃貸事業を実施することは事業として成立する。しかし、転貸事業を複数による投資の一環として位置付けた場合、「可能な限りの債権の保全」は、ど

うしても解決しておかなければならない問題であった。

　Aさんから相談を受けたとき、このような問題を解決し、リノベーション賃貸事業の安定性を確保するための「不動産信託を活用した借上げ型リノベーション賃貸」スキームの研究・開発に取り組んでいたところで、そのスキームのAさんの古民家再生への利用を検討した。

(2) 不動産信託を利用した理由

　不動産信託は、不動産の所有権などの不動産に関する権利を持つ人が、その権利を第三者に移転し、その者に管理や処分を委ねる制度で、信託法・信託業法などの法令や信託の定めに基づいて行われる。

　信託をする（委託する）人のことを「委託者」、信託を受ける（受託する）人を「受託者」、信託する財産を「信託財産」、信託財産で得られる収益から配当を受ける権利などを「受益権（信託受益権）」、受益権を持つ人を「受益者」という。

　信託を業として受託することができる受託者は、信託銀行や信託会社など、金融庁の認可・許可・登録[5]を受けている者に限定されている。

　我々は、Aさんの古民家再生事業の企画・提案に不動産信託を採用するこ

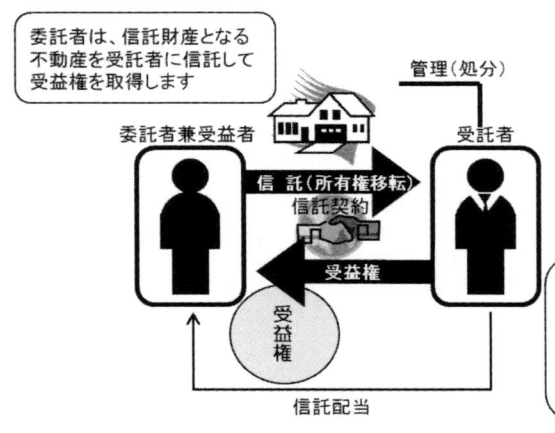

図2　信託の仕組み

とによって、次のようなメリットがあると考えた。
- 信託財産となる古民家の所有権の登記名義は、受託者である信託会社に移転され、信託会社が借上げ契約の当事者になること。
- 委託者（兼当初受益者）に相続が発生しても、信託受益権が相続人等に承継されるだけで、借上げ契約の貸主（古民家の所有権の登記名義人）は信託会社で変更がないこと。
- 受益者が倒産したとしても、信託財産は全く影響を及ぼされないこと（「倒産隔離機能[6]」という）。

これらに加え、次の点も重要なポイントだった。
- 一括前払いの賃料は、改修工事代金などに支払いされるまで、信託財産として受託者が保有すること。
- 一括前払い賃料の未経過相当額は、信託受益権に質権を設定することによって保全できること。

一方、不動産信託を採用することについての不安もあった。
① 信託にかかるコスト（信託報酬など[7]）を事業費でまかなうことができるか。
② 想定しているような信託を組み込んだスキーム事業の前例がなく、信託契約書を含めた各種ドキュメントの作成やドキュメント間の整合性をとるのに膨大な労力を要すると思われた、などの事業採算性の問題。
③ 不動産信託の社会的認知度が低い現状で、オーナーを含めた関係者の理解を得ることができるか。
④ このような古民家を信託財産として受託する信託会社があるか

というものであった。他にも、
⑤ 古民家の有効活用の方法
⑥ 資金の拠出者となる転貸人としての担い手の問題

など、事業の根幹にかかわる問題もクリアしていかなければならない。

そこで、古民家の有効活用という不動産コンサルティングに国土交通省が募集していた「不動産の流動化・証券化に関する実施過程検証等事業」[8]をコラボレーションさせた事業の企画・提案を行うことに決定し、このことによっ

て、先に述べた「不動産信託を採用することの不安」の解消に光明が見えた。

2. 信託会社の存在

　平成16年の信託業法改正で、それまで信託銀行しか取り扱うことができなかった信託の業務に、新たな担い手が参入できるようになった。地元大阪には、4社[9]の管理型信託会社が内閣総理大臣の登録を受けており（当時）、その内、不動産に特化した信託会社の「きりう不動産信託株式会社」とは、「信託を活用した高齢者の資金調達手法」で事業を共にした経験があった。

　築後約150年を経過した古民家（既存不適格建築物[10]）の受託の可能性について、「既存不適格建築物であることは、受託できない理由にはならない」ことを同社に確認し、不動産信託などについて助言を得ることができた。

　これによって、前述の不動産信託を採用することの不安として掲げた①、②の事業採算性の問題や、④の受託信託会社の問題が解消できる可能性が高まり、事業化に向けて大きく前進した。

3. 古民家再生事業のスキーム

　今回の提案した事業のスキームは下図（図3）の通りで、「借上げ方式のリノベーション（リフォーム）賃貸」で事業対象になっていた居室を、信託された古民家に置き換えた形である。古民家を信託することによって、事業の安定性は大幅に高まり、転貸人となるマスターレッシー[11]のリスクは、転貸借契約の空室リスクがその大部分になる。

【事業の流れ】
A）　古民家オーナーは、信託契約の委託者として所有する古民家を信託し、受益権を得る。
B）　受託者の信託会社は、マスターレッシーとの間で賃貸借契約（マスターリース契約）を　締結し、契約期間の賃料の一括前払い一時金を受

ける(マスターレッシーは、未経過期間の前払い賃料を保全するため、信託受益権に質権を設定する)。

　　※改修工事費等と転貸借契約の見込み賃料のバランスにより、月払い家賃を併用できる可能性がある(個別具体的に検討)。

C)　古民家の改修工事費、その他諸費用を、上記一括前払い一時金から支払う。
D)　マスターレッシー(転貸人)は、改修後の古民家を賃貸し、その賃料等により支払済の一括前払い一時金を回収する。
E)　E事業期間終了後、オーナーは受託者から古民家の返還を受ける。

　一方、オーナーにとっては、不動産を所有することに起因するリスクから逃れることはできないものの、賃貸事業の空室リスクはマスターレッシーが負担し、事業期間終了時には、改修された古民家が返還される。事業期間中の古民家にかかる火災保険料や固定資産税等も事業費でまかなわれ、それらの費用は、経費として算入できるようになる。市街地の古民家では、固定資

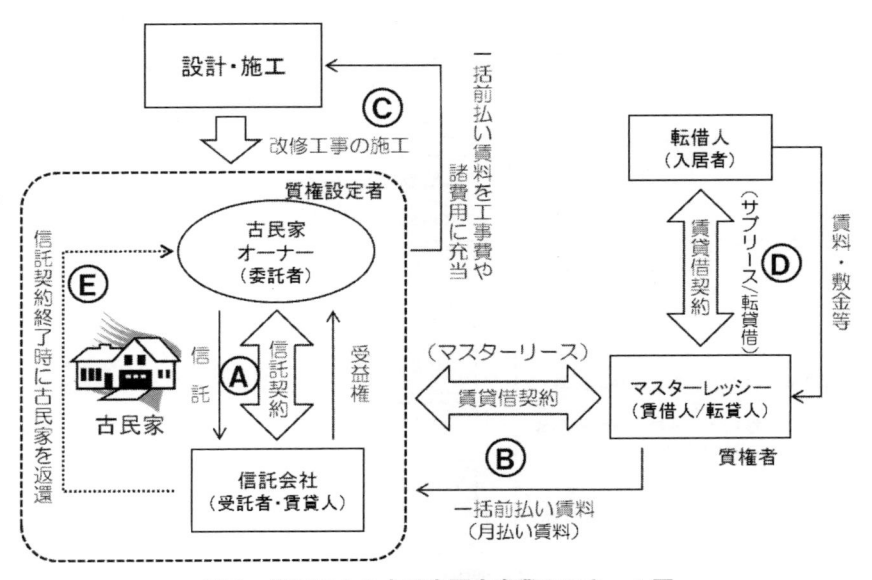

図3　信託による古民家再生事業のスキーム図

産税・都市計画税の負担[12]が非常に大きく、事業を行なうことによって、それまで家事費であった固定資産税等の負担を経費に算入できることは、大きなメリットとなった。

4. スキームにおける有限責任事業組合（LLP）の役割

　この事業スキームでマスターレッシーとなる有限責任事業組合（LLP）は、賃貸事業の転貸人という立場と、事業資金提供者の2つの役割を果たしている。

　資金提供者となるLLPは、出資者である組合員が出資額の範囲でしか責任を負わない形態の組合で、①内部自治の原則、②出資者の有限責任、③構成員課税（パススルー課税）、④共同事業性の要件[13]、といった特長がある。

　LLPの出資者の権利は、一部の例外を除いて、金融商品取引法の「みなし有価証券」に該当し、500名未満が所有することになる「みなし有価証券」の自己募集は、私募の扱いになる。

　また、LLPが転貸人を担うことによって、LLPの組合員各々が、転貸業を行なっているものとして、税務上の取扱いがされる。

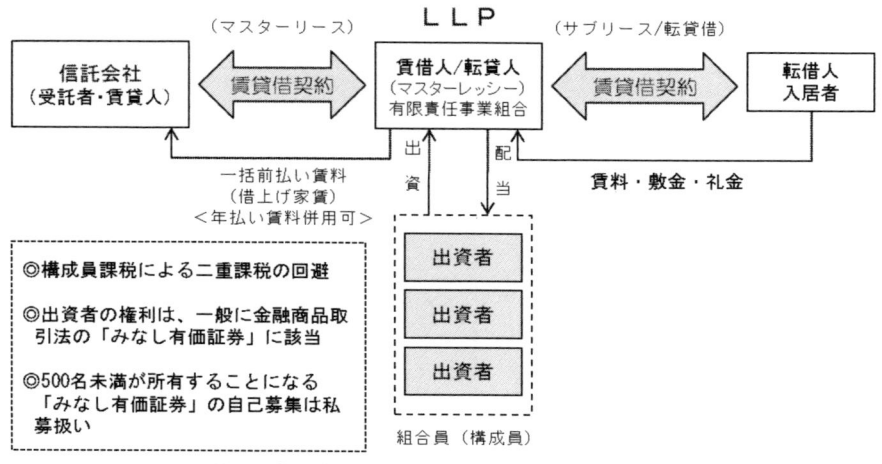

図4　有限責任事業組合による転貸スキーム図

5. オーナーの不動産所得関係

　不動産の信託において、信託財産から得られる収益は、受益者が所有しているものとして取り扱われる。これを受益者課税信託といい、二重課税が回避される。

　注意しなければならないのは、マスターリース契約の一括前払い賃料の益金の算入時期で、定期建物賃貸借契約においては明確な基準は公表されていないが、基本的には定期借地契約における国税庁の取扱い基準[14]を参考にして、事業期間に相当する一括前払い賃料を事業期間に分割して計上できるような取扱いを工夫することになる。

6. 古民家再生事業のコンセプト

　試行錯誤を繰り返しながら実施した寝屋川古民家再生事業のコンセプトは、最終的に次の6つにまとめることができる。

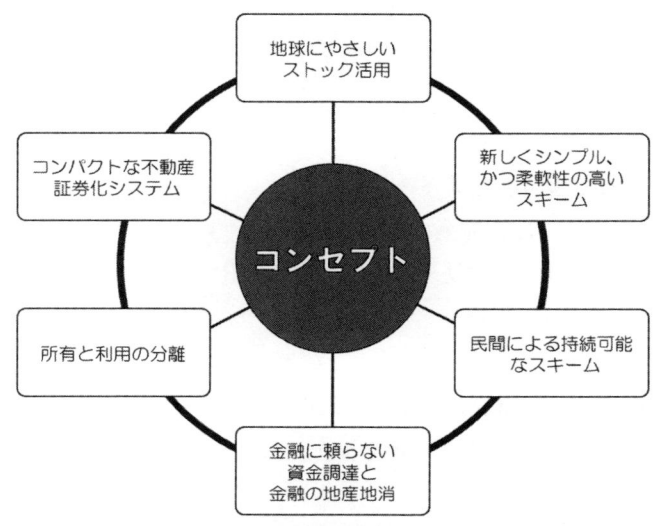

図5　古民家再生事業のコンセプト

(1) 人と地球にやさしいストック活用

　今回の事業対象とした古民家は、江戸時代の建物で、束や床材、柱の一部に腐食や建物に空爆の爆風によると思われる傾きなどが見られたものの、築後約150年を経過していたにもかかわらず、手入れがゆきとどいた状態の良い建物であった。このような古民家は、150年に一度程度の割合で大きく手を加えることによって、500～600年の寿命があると聞く。

　この古民家の再生は、まさに究極のエコ住宅への蘇生であり、人と地球にやさしい超長期優良住宅を創生することをコンセプトとした。

(2) 新しくシンプルかつ柔軟性の高いスキーム

　これまでの古民家再生事業は、主として古民家オーナーに対する改修工事費の補助や、古民家オーナーからの買い取りによって組み立てられている。前者は、原則としてオーナーの居住用が対象で、公的補助の予算には限度がある。後者は、証券化による取り組み実績があるが、資金調達面や事業コスト面、金融商品取引法に代表される法令の制約など、そのハードルは高い。

　一方、この信託による事業スキームは、一般には馴染みのない不動産信託を採用しているものの、スキーム構造は単純である。本事業においては、オーナー、信託会社、転貸人（資金拠出者）の三者によって事業化が可能となるシンプルかつフレキシブルなスキームを構築した。

(3) 民間による継続可能なスキーム

　本事業スキームでは、構築に要した費用を除き[15]、基本的には、同種の事業を採算ベースに乗せることを前提とし、民間による継続可能なスキームを構築した。

(4) 金融に頼らない資金調達と金融の地産地消

　この事業スキームは、事業資金を借上げによる賃料の一括前受け方式で得ようとするものである。

　古民家改修資金を金融機関からの融資でまかなうことは難しい。高齢者に

対する融資には様々な制約があり、個人向けのノンリコースローン制度は普及していない。また、対象不動産のような既存不適格建築物や小規模な住宅の場合、ノンリコースローンによる資金調達はさらに困難である[16]。一方、古民家オーナーにとっても、蓄財を投入し、あるいは借入れをしてまで事業を行うことには抵抗がある。

　金融機関の融資が困難であることから断念せざるを得ない事業を、金融機関に頼ることのない事業スキーム[17]によって実現可能とし、同時に地方において必要な資金を地方で調達する「金融の地産地消」の仕組みを構築した。

(5) 所有と利用の分離

　古民家の所有者は、不動産の所有者としてのリスクは保持し続けるものの、空室リスク等の賃貸事業リスクを負うことなく賃貸事業を行うことができ、一方のマスターレッシー兼資金拠出者となる事業者は、ＳＰＣ(特別目的会社)等のヴィークル(投資の器)を用いた不動産証券化の不動産投資の投資家とは異なり、不動産の所有リスクを負わない。

(6) ＬＬＰを活用したコンパクトな不動産証券化スキーム

　この事業スキームでは、事業資金の拠出者となる転貸人(マスターレッシー)に有限責任事業組合(ＬＬＰ)を活用することとした。その理由として、Ⓐ金融商品取引法上のハードルが比較的低く、Ⓑ出資者である組合員は、出資の範囲でしか責任を負わない形態の組合で、Ⓒ導管性(二重課税の防止機能)が働いており、比較的小規模の不動産証券化に活用可能なヴィークルと考えたからである。

　一方、委託者兼受益者(古民家オーナー)が取得する信託受益権には、転貸人が質権者として質権を設定し、一括前払い賃料の内の未経過分の賃料を保全することになる。

　このことにより、この事業スキームは、コンパクトながら不動産証券化の要件を満たした不動産証券化スキームということができる。

　地元に証券化のプレーヤー[18]が少ない地方では、仮にプレーヤーを揃え

写真1　改修工事前（H21.6.20撮影）　　写真2　改修工事後（H22.4.10撮影）

ることができたとしてもそのコストを吸収することは困難であるため、この事業では、可能な限り地方のプレーヤーが主体となって実施できる地方における小規模事業の証券化に活用できるシステムとした。

7．まとめ

　地方における不動産証券化は、その継続性により大きな意義があり、アレンジャーやアセットマネージャーだけでなく、スキームで重要な地位を占めるプレーヤーの大部分をその地域で育てることが継続性への鍵となる。

　しかし、現実に地方においてこれらのプレーヤーが育つだけの市場があるかは疑問であり、事業の命運が地域外のプレーヤーの意向や金融の都合に大きく左右されるようでは、発展性は望めない。

　一方、地方が地方の力で活性化を図るためには、地方の金を東京や海外に流出させるのではなく、地域内で循環する「金融の地産地消」の流れを作ることが第一と考えている。

　これらのことから、地方にとって必要な証券化のポイントは、金融に過度に依存することのない、安定かつ継続性のあるコンパクトなスキームの構築であり、事業スキームを「不動産信託」「転貸借・借上げ賃料の一括前払い」「有限責任事業会社（LLP）」で構成することによって、信託会社以外に金融のプレーヤーは存在しなくとも実現できる地域のプレーヤーの手によるスキームが完成した。

その後、以上のような事業のノウハウは、(一社)京都府不動産コンサルティング協会(岡本秀巳理事長)が実施する京町家利活用のための管理信託事業[19]や大阪府不動産コンサルティング協会(林青好会長)が企画・提案する「ニュータウン空き家活用のための信託型パーシャル賃貸システム」[20]などに受け継がれている。

　また、我々は、まちづくりや地域の必需施設の維持・確保のための不動産証券化(ＳＰＣやＴＭＫを用いない受益権小口化販売)や、高齢者の生活のセーフティネットとなりうる不動産信託を活用した資金調達手法(信託型のリバースモーゲージ、売却した居宅のリースバック)など、今後も不動産信託を活用した新たなスキームの構築と実践への挑戦は継続している。

　なお、このような不動産信託の活用を一つの選択肢として、地方の活性化や高齢者の生活安定を図るためには、金融機関(特に地方に基盤を置く金融機関)との連携は不可欠であり、信託に関する既成の概念にとらわれることなく、「地域に根ざした」「幅広い層が利用可能な」新たな不動産信託の活用について、金融機関を含む各方面で、理解が深まることを期待し、そのための活動にも注力しているところである。

注

1　古民家再生事業のドキュメントは、平成21年度の「地方における不動産市場活性化事業」として、土地総合情報ライブラリー＜http://tochi.mlit.go.jp＞で公開されている(平成25年1月現在)。国土交通省・土地水資源局(当時)実施しているもので、地方で取り組まれるSPC(特別目的会社)やTMK(特定目的会社)をヴィークル(投資の器)に、不動産証券化事業及び不動産信託事業、定期借地事業を支援している。SPCでは、一般に「合同会社＋匿名組合スキームの仕組み」が用いられている。TMKは、資産の流動化に関する法律に規定された特定目的会社。いずれも、不動産証券化における投資の代表的な器として利用されている。

2　【借地借家法第33条】借家人が、賃貸人の同意を得て建物に付加した造作を、賃貸借終了の際に、賃貸人に買い取るように請求できる権利。買取りをしない旨の特約を設けることができる。

3　【民法242条】(不動産の付合)不動産の所有者は、その不動産に従として付合した物の所有権を取得する。ただし、権原によってその物を附属させた他人の権利を妨

げない。

4 【民放大608条】借家人が、客観的に見て賃借物の「価値」を増加させるためにかけた費用を、賃貸借契約が終了してから1年以内であれば、賃貸人に対して変換するよう請求できる。

5 兼営法の認可を受けた金融機関、信託業法の許可を受けた(運用型)信託会社、同法の登録を受けた(管理型)信託会社などが、信託を業として行うことができる。

6 信託の委託者(受託者)が破産しても、信託財産は委託者(受託者)の財産から隔離されており、委託者(受託者)の破産財団に組み入れられることはない。また、受益者が破産した場合、受益権は、受益者の破産財団に組み込まれるが、信託財産には及ばない。

7 信託にかかる費用には、デューデリジェンスやリーガルチェックの費用、登記費用、信託報酬などがあるが、不動産証券化のデューデリジェンスを今回の事例のような小規模案件で適用すると、オーバースペックで全く採算ベースに乗らない。このような受益権売買が伴わない小規模案件の信託の受託者は、不動産証券化の受託審査基準とは異なる審査基準が適用できる者に限定される。

8 国土交通省・土地水資源局(当時)実施。地方で取り組まれるSPCやTMKをヴィークル(投資の器)にした不動産証券化事業及び不動産信託事業、定期借地事業を支援。

9 きりう不動産信託株式会社、ファースト信託株式会社、共同信託株式会社、株式会社日本流動化信託[現サーバントトラスト信託株式会社](登録順)の4社。

10 建築時には適法に建てられた建築物であって、その後、法令(市街地建築物法、建築基準法、都市計画法等)の改正や都市計画変更等によって現行法に対して不適格な部分が生じた建築物。

11 マスターレッシーは信託の受託者から信託財産である賃貸不動産を一括して借上げ、エンドユーザーに転貸する「賃借人・賃貸人」をいう。

12 接道幅員が2mほどしかないこの古民家の固定資産税路線価は、メインの道路のそれの約80%であった。

13 共同事業性の要件とは、業務執行の意思決定を、原則として総組合員の合意事項とすることをいう。

14 平成17年1月7日付国税庁の国土交通省に対する回答「定期借地権の賃料の一部又は全部を前払いとして一括して授受した場合における税務上の取扱いに ついて」参照

15 スキーム構築に要する費用の一部に、国土交通省「不動産の流動化・証券化に関する実施過程検証等事業(不動産信託部門)」の支援をあてることとした。

16 金融機関に融資の打診をし、事業スキームを説明して交渉したが、コーポレート

ローンが条件であった。
17　この事業に、信託会社以外の金融関係事業者は介在していない。
18　アセットマネージャー（投資助言業、投資運用業）、ノンリコースローンレンダー、適格機関投資家、第二種金融商品取引業者などをいう。
19　平成22年7月（京都新聞2010年7月28日記事）、平成23年12月実施（京都新聞2011年12月28日記事）。
20　国土交通省平成23年度長期優良住宅等推進 環境整備事業（空き家 等活用推進事業）補助事業として実施(http://www.s-m-ninaite-shien.jp/dantaihokoku/file/2011_2/9.pdf参照)。

終　章

時代が変わった、と認識しよう
――柔らかい視線で見る経済と社会――

日本居住福祉学会理事　神野武美

いきなり「居住」や「福祉」と関係ない話で恐縮だが、能楽に使う横笛の「能管(のうかん)」をご存じだろうか。竹筒に7つの穴を開け、籐や樺を巻き、漆を塗るなどしたものだが、管の長さも穴の間隔も定まっていない。しかも同じ旋律を吹いても、演者の体格などによって奏でる音の個人差は大きい。演者は自分なりに稽古を重ねて自分の音をつくる。能楽師は「同じように吹けば同じ音が出るような西洋近代の楽器とは根本的な違いがある。人の力をどう育てるのかだ」と言う。「居住福祉」も、住まい方や住みこなし方が重要であり、住居のあり方は人間という主体の成長にも深く結びついている。

1. 不動産が過度に金融化した経済

　産業革命以後、人間は人間の能力を機械に置き換えることで生産性を向上させてきた。その結果として豊かな生活を手に入れたのではあるが、その反面、「機械の力」が人間を殺傷したり、危険にさらしたり、人間の力を劣化させたりしている側面も見逃せない。原発事故をはじめ、核兵器の拡散、国際的な金融危機、ゲームばかりに興じて生活能力を身に付けない子どもたち……。最も身近な「居住」という側面からみると、平時では、過疎の進行、大都市郊外の団地で著しい空き家の増加、失業やホームレスの発生、住民の高齢化、障害者のケアなどの深刻な「福祉」の問題を抱え、災害時には、逃げ場を失う密集住宅地、膨大な帰宅困難者、高潮や津波で水没する市街地など、まさに難問山積である。
　そうした問題点は、住居や住空間を創りだす不動産業を生業とする経営者も実感している。リブラン会長の鈴木静雄は序章で、「住居は、人間生存基盤であり基本的人権であるにもかかわらず、政府の政策には住思想が欠落している」(5頁)と述べている。日本居住福祉学会の会議でも、「戦後から住宅建設5か年計画を軸に大量生産を続け、景気産業化した不動産業界は住居の本質に気付くことなく今日に至った」と発言し続けている。それらを要約すると、都市は乱開発によりコンクリートジャングル化し、超高層住宅のよ

うな子どもたちを情緒不安定や体力を弱体化させる「子どもの居場所がない住・まち環境」、住む人の個性や価値観を抹殺した画一化された住空間が広がり、「外観や管理は立派でも地域と連動していかなければ防犯・防災などいざというときに孤立してしまう」ような「孤島化」した住居が量産された、というものである。

　なぜそうなったのか？　筆者は、住居や土地といった不動産が過度に金融資産化したのが主因と考えている。不動産が「資産価値」として流通するならば、単純な価値尺度で測れるものが便利ということである。「職場に近い」「買い物に便利」「いい学校が近くにある」か否かは、都心や駅からの距離などの形で地価に反映され、土地の高度利用（高層化）などに結びつき、生活基盤としての住居の豊かさを量る価値尺度となった。それで量るモノの価値は一定の意味を持ち続けてきたのも確かである。

2. リーマンショックの原因は何か？

　しかし、そうした価値は、次第に変質し、マネーゲームの具と化していく。変質の要因としては、人口や産業の大都市集中によって生産性が向上し、個人所得が増加するという、経済成長にもとづく「土地神話」である。その「神話」を基に、住居や土地が、実体経済に比べて過剰に供給された貨幣を一時的に吸収する場に使われたことである。ところが、日本では、経済社会が成熟して高齢化と人口減少が進み、新興国が競争相手として登場するにつれ以前のような経済成長は望めず、地価が低落し「土地神話」が崩壊した。米国は人口こそ増えているが、管理通貨制度の下でのドルの過剰な供給と、それを吸収する「所得に見合わない過剰な消費」に依存してきた。その典型とも言えるサブプライムローンは、住居や土地を買うだけの経済力を持たない階層が「値上がりを見込んで」住宅を購入してきたことが結果的に破たんし、リーマンショックの原因となったのである。

　大阪のビーバーハウス社長の川野悠一はそれを見抜いている。「日本銀行は、東日本大震災で地震前より16％増の113兆円を市場に流し、マネーがじゃ

ぶじゃぶの市場にしているため、東北地方の金融機関をはじめ、倒産は顕在化していない。しかし、現在の日本だけでなくヨーロッパや米国でもじゃぶじゃぶに供給された資金の副作用が数年後には出てくると予想される。国民は要注意である」(82頁)と。不動産業者は、マネーゲームに参加して一緒に踊るか、社会的信用を第一に地道に取り組むかの岐路にある。これまでのマネーゲームに踊った多くの事業者は淘汰されており、川野は「変化の激しいニーズに対応しながら、生き残りを図っていくしかない」と後者の道を選択するのだと言う。

3. 自動制御装置のない管理通貨制度

　経済学者の浜矩子(同志社大大学院教授)は『新・国富論』(岩波新書、2012年12月)で、現在の管理通貨制度の下での経済の動きの問題点を指摘している。「(かつての資本主義国で行われてきた金本位制では)『金(キン)の切れ目が金(カネ)の切れ目』ということである。金本位国は、自国が保有しているキン(金)の分量の範囲でしか、カネ(貨幣)を発行出来ない」とし、投機的な動き(賭け)をしても、「一定のところまで行けば、キンの切れ目によって強制的に閉店を迫られる運命にあった」(新・国富論、153～4頁)。ところが、管理通貨制度では、「ドルの発行にキンの切れ目の制約はなくなった。以降、アメリカは通貨大発行による経済成長路線を追求するようになる」(同、156頁)と「自動制御装置」はなくなり、「金融工学」を駆使して、巨万の富につなげようとする動きが活発になる。浜は、こうしたカネ余り経済を誘導した犯人は、長年ゼロ金利政策を続けてきた日本の金融政策であると見ている。

　しかし、「肝心のカネは国内で回らず、グローバル市場に流れ出て行ってしまった」(同、162頁)という。バブル期ならば、そういったカネは、国内の大都市やその近郊で土地の買収や新規の宅地開発、マンション建設に注がれるかもしれないが、人口減少期を迎えた日本に今や、そういった環境は存在しない。

4. 小さき者たちの多様な創造性が花開く

　海外に投資されたカネは、生産拠点の海外化を生み、国内産業を空洞化させ、失業を増大させ、勤労所得も低下する。個人消費が冷え込み、高品質の商品を作ってもまずは売れない。新興国で生産される低価格の大量生産品の輸入が増え、国内産業の空洞化はますます進む。その結果、賃金はさらに低下し、高品質を誇った日本の技術自体も劣化していく、というのが「デフレ・スパイラル」の本質だろう。浜は「地域社会、地域経済、地域共同体」の「小さき者たちの多様な創造性が花開く」(同、51頁)ことに期待するが、「居住福祉産業」もそうした役割を担う一つの産業である。なぜならば、経済成長を追求して労働力を効率よく生産に結びつけるための都市構造に合った従来型の住宅づくりから、人口減少と高齢化が進む日本社会の生活のニーズに見合う「安定した居住」を追求するという大転換を求められているからである。しかも地球環境問題に対応して資源とエネルギーの消費は厳しい制約を受ける。つまり、資源やエネルギーの消費を節約しながら、新しい生活様式を実現するという本質的な需要に応える大きな仕事があるからである。

　それには、女性的なモノの見方(価値観)が大きなカギになるように思える(「男性的」対「女性的」という対比は無意味かもしれないが、世間一般の感覚としてあえてこういう表現を使ってみた)。従来の「企業戦士」のような成長一辺倒ではなく、女性の経営者や経営幹部が、市民生活全体を柔らかい視線で見て新しい業態を創造していく「居住福祉産業」の担い手になりつつある。

5. 女性の目線を活かした設計や住居管理を

　例えば、千葉県大網白里市の大里綜合管理は、土地などの不動産管理を主な業務とする会社であるが、学童保育や清掃、交通整理、花植えといった200種類以上の地域貢献活動に心血を注ぐなど「地域社会と生きる」ことを徹底的に追求している。19年前に社長に就任した野老真理子は「我々住宅産業人は、地域の社会問題が住居、住環境に深く関わっていることを受け止め

なければならない。全社員は会社ではなく地域に出勤しなくてはならない」と考える。「住環境の価値・本質は住宅そのモノにはなく、人々の暮らし」にあるというのが野老の哲学である。

　女性の視点は住まいづくりに重要である。大成有楽不動産は、女性の社会進出に対応して分譲マンションの敷地内に保育施設を取り入れたり、ミーティングルームなどの共用部分の充実を図り居住者サークルを立ち上げたりして、子育て支援やコミュニティづくりに力点を置いている。女性専用シェアハウスの管理会社のチューリップ不動産は、居住する若い女性たちをサポートしている。大都会に出てきて収入も少ない同じ境遇の女性たちがキッチンや風呂などを共同で使いながら、励まし合い、情報交換をして女性として自立するというそんな機能のあるシェアハウスを目指す。

　女性の視点は、在宅の予防医療や介護サービスにも生きる。看護師から建築家に転身したドムスデザインの戸倉蓉子は、「新鮮な空気」「陽光」「清潔さ」「温かさ」「静けさ」の五つを病気快復のポイントとする、ナイチンゲールの「看護覚書」を「建築のバイブル」とみなし、天然温泉やスポーツクラブ、レストランなどを利用しながら人間ドックを受診できる病院、在宅療養を支援する町の診療所、賃貸マンションなどの設計に生かす。

　マンション管理会社のイノーヴは、看護師が管理人(管理員)になる「アイナス」という新しいサービスを始めた。居住者の身近にいる管理人は住民の様子を常に見守る立場にいる。「管理員兼看護師」なら、高齢者の独居問題や住民が抱える健康上の問題の相談に乗り、健康診断や人間ドック受診後のフォローアップをして生活改善を指導するなど予防医療上の高い効果が期待できるというわけだ。イノーヴでは、病院勤務や在宅介護サービスの経験豊かな女性看護師が中心になってアイナスの育成に取り組んでいる。

6. 社会的不効率が蓄積する経済

　経済成長重視の路線では、コスト高で効率の悪いとされた農地や林地、過疎地などは放棄され、建設された住宅の寿命は、多くの手抜き工事や欠陥住

宅もあって、諸外国と比べて極端に短いスクラップ・アンド・ビルドが繰り返されてきた。今でも低金利を背景に大都市中心部では高層ビル、高層住宅、地下鉄の建設ラッシュが続くなどその傾向は消えていない。それが「景気対策」になると多くの人たちが信じているからである。しかし、その一方で空き室に苦しむ貸しビル、閉店した店が並ぶシャッター商店街も確実に増え、空き家も全国で約800万戸と言われている。また、新興国と比べて生活費が高い日本の労働力は敬遠され、失業や派遣など過酷な労働を強いられている。成長追求型の経済は〝空回り〟をしている。管理通貨制度の下で、中央銀行が「金融緩和」と称して大量に供給される貨幣を奪い合う、激しい経済競争の末に残ったものは、経済社会の疲弊、国内資源の放棄と浪費と社会的不効率の蓄積であった。

　多くの人たちがそれに気付き、事業経営を「成長型」から「安定型」への転換を模索し始めている。その端的な事例を紹介しよう。戦前に区画整理が行われた土地に建てられた長屋の町並みが今でも残る大阪市南部にある、国の登録有形文化財「寺西家阿倍野長屋」である。御堂筋線の天王寺から一駅南の昭和町駅前の裏通りにある1932年築の四軒長屋（敷地面積約300㎡）を所有する元公務員の寺西興一はかつて、相続対策もあって賃貸マンションの建設を計画していた。ところが、古建築の構造に詳しい大学教員から「長屋で全国最初の登録文化財になる」と指摘されて気が変わり、2003年に登録文化財に登録し、それを店舗として活用することにした。

7．古民家を活用した方が経営に有利

　収支計算をしてみると、長屋の改修の方が賃貸マンションに建て替えるより、建設費の返済がない分、経営的に有利とわかったと言う。鉄筋コンクリートの賃貸マンション（10部屋）の建設費1億7千万円に対し、長屋の改修費用は一流の宮大工に頼んでも1700万円。家賃は、マンション一部屋（60㎡）が月12万円に対し、長屋の1区画（90㎡）は同15万円。年間収益はマンションが300万円に対し長屋が600万円という計算になったと言う。「古き良き大

阪」の風情が残る長屋は、昭和町駅から1分という地の利もあって、今や人気の飲食店街である。寺西は「マンションにしていたら、空き室発生と借金返済をずっと心配しないといけなかった」と振り返る（2011年10月8日、奈良県橿原市で開かれた「第4回全国町家再生交流会ｉｎ今井町」第4分科会発表資料より）。

　評論家の堺屋太一さんの実家など古民家が多い奈良県御所市出身の大阪不動産コンサルティング事業協同組合理事の米田淳は「不動産信託の活用による古民家再生」（第5章4）を提唱する。それは、古民家再生の資金が地域内で循環する「金融の地産地消」のシステムを構築することである。高齢者が多い古民家所有者の資金負担を軽減し、「事業の命運が地域外のプレーヤー（投資運用業や機関投資家など）の意向や金融の都合に大きく左右される」のを防ぐと言う。現実の不動産価格、建築費用、金融制度、建築や景観上の規制、税制、相続など無視できない要素は多いが、信託法や信託業法に基づく信託会社を活用し、地主や家主、借主、建築業者、金融機関などが協働する事業を立ち上げることが有効であることを実証している。

　京都市内では、地元の金融機関が2011年6月から、市内の古民家（京町家）

写真1　大阪の登録有形文化財の阿倍野長屋。飲食店が出店している

の改修や購入に融資する京町家専用住宅ローン「のこそう京町家」の取り扱いを開始した。財団法人京都市景観・まちづくりセンターが申請に基づき町家の文化的価値や老朽化の度合いなどの安全性を調べて発行する「京町家カルテ」を取得した建物や、一定の基準のもとに、通風など伝統的な町家づくりの手法を生かし、また地球環境に配慮した現代の技術を取り入れた「平成の京町家」に対し、通常より年利で1.8％も低い優遇金利が適用される。住宅のスクラップ・アンド・ビルドが常識だった時代、金融機関はもっぱら土地のみを資産価値と計算し、新築にちかいものでない限り木造家屋の担保価値をほとんど認めてこなかった。だが、最近は、かなり変わってきたようである。

8. 先人の知恵を受け継ぐ住まいづくり

　古民家や町家だけでなく「先人の知恵」を大切にする発想は、震災復興にもつながるものである。東日本大震災による東京電力福島第一原発事故や、巨大な堤防や防波堤が津波を防ぎきれず破壊されてしまった現実は、現代の科学技術の脆さを如実に現している。そのことは約80年前、随筆家の寺田寅彦が『天災と国防』(1934年、岩波文庫『寺田寅彦随筆集・第五巻』、61頁)で指摘していた。「大震(関東大震災)後横浜から鎌倉へかけて被害の状況を見学に行ったとき、かの地方の丘陵のふもとを縫う古い村家が平気で残っているのに、田んぼの中に発展した新開地の新式家屋がひどくめちゃめちゃに破壊されている」「今度の関西の風害(室戸台風)でも、古い神社仏閣などは存外あまりいたまないのに、時の試練を経ない新様式の学校や工場が無残に倒壊してしまった」。室戸台風での小学校の倒壊数が異常に多い点について、「政党政治の宿弊に根を引いた不正な施工」の可能性とともに、「わが国特有の気象に関する深い知識を欠き、通り一ぺんの西洋直伝の風圧計算のみを頼りにした」という近代技術の過信に警告を発しているのである。

　そんな発想を受け継いで、東京の一級建築士の鯨井勇は、東日本大震災の津波の被害を受けた宮城県女川町の地形ジオラマを制作し、住民参加のまち

づくりに生かしている (第4章3)。鯨井は、行政が持つ「基礎データをジオラマの上に写し出すとともに、昔からこの地に住み、『土地の履歴』を生活の中で熟知している町民の多くが新しいまちづくりに参加できるようにする」と言う。被災地を見ても、昔から人が住む場所の被害が比較的少ないのに対し、海岸を埋め立てたり、標高が低いのに比較的新しく人が住みついたりした場所は大きな被害が出た。百年、二百年先を見通したまちづくりをするためには、現代の科学技術が見落としがちな「先人の知恵」を受け継いだ住民の「心の中にある目線」を顕在化しなければならないと考えた。

　人が安心して生活できる持続可能な環境をつくりだすことを「居住福祉」とするならば、冒頭にも述べたように、商品単体としての住宅の性能だけでなく、生活を支える公共サービス、住民同士のつながりなどの「住まい方」「住みこなし方」も大切な要素である。そうした条件を満たす住まいや住環境を、社会福祉・都市計画などの行政(国・自治体)とともに産み出すことが「居住福祉産業」の責務でもある。つまり、医療や介護のサービスが受けやすい生活環境、住民が孤立せず災害時に助け合う心が育ち、市民や住民が主体的に地域づくりに参画するような住生活を創造することが求められている。

9.「市民力」を育てる住まいづくり

　日本居住福祉学会は2009年、東京のマンション・デベロッパー「リブラン」に「居住福祉資源認定証」を贈った。認定の理由は、「エコミックス・デザイン」という理念に基づいて設計を行い、部屋の風通しを良くするなど自然の力を活用して「クーラーをかけないと眠れない」という居住者の悩みを解決し、3〜5戸を1区画にする設計により入居者相互の交流が深まる工夫をするなど、地球環境とコミュニティを重視した分譲マンションづくりに取り組んだことである。こうした考え方は、社長の鈴木雄二が理事長を務めるNPO法人緑のカーテン応援団という市民活動に発展し、市民自らがマンションのバルコニーや窓際にゴーヤなどを植えて夏の直射日光を遮り、市民生活の中から省エネを図る運動が全国に広がった。企業活動が「市民力」アップに結びつい

た好例である。

　東京の下町中心に展開するアスコットは、都心に劇場や美術館が多いという地の利を生かし、建設するマンションを「感性を磨いて人間の心を作る場所」と位置付けている。例えば、漆木工、左官、着物などの日本の伝統文化の作家たちが1階のエントランスホールの空間デザインを行い、芸術的な空間を創り出した。また、江戸時代の浮世絵作家、葛飾北斎が住んだ「北斎通り」沿いのマンションでは、北斎の画法を外壁デザインに取り入れ、歴史文化の記憶を外壁に刻み付けている。住居そのものに芸術的感性を取り入れ、同時に、この土地への愛着心を育もうというわけである。

　一戸建て住宅は、良好なストックとして将来に引き継いでいけるかがカギであり、激しい競争の中でそれを実現できる企業が生き残る傾向が見えてきた。埼玉県越谷市に拠点を置くポラスグループは、さいたま市緑区に「育実（はぐくみ）の丘」という分譲住宅を開発し、「埼玉県子育て応援分譲住宅」の第1号の認定を受けた。リビングに子どもが勉強できるスペースを設けて家族とコミュニケーションをとりながら勉強できるようにするなど、同グループが長年取り組んできたノウハウを生かした住宅づくりをしている。一方、ビーバーハウスは、早期からアフターサービスをはじめ、適切な維持管理を可能とするシステムづくりを意識する経営を行ってきた。

　対照的な賃貸住宅の例が、東京都板橋区の不動建設と、名古屋市中村区のアーバン新富である。前者は、オートバイや自転車などアウトドアライフを趣味とする健康的で積極的な人たち向けの賃貸マンション、後者は、高齢や病気のため行き場を失い生活保護を受けている独り暮らし中心の賃貸アパートだ。いずれも、ワンルームだが、東京・板橋の賃貸マンションの店子は家具の配置や部屋の仕切りなどを自分で決め、同時に趣味を同じくする者同士が「昔の長屋の雰囲気」で交流するなど自立心が高い。家主の山本仁二も「自分の家族にも必要」と、マンションに保育所を設置するほど「居住」へのこだわりが強い。一方、名古屋の賃貸アパートは食事付き、食堂、風呂、トイレは共同で、家主の南高夫が毎朝、入居者を見守り、投薬管理などをしている。入居者の生活に少しでも余裕が出るようにと、必要経費を抑える工夫をして

いる。南は「安穏な生活が送れる終の棲家になる」よう心掛けている。板橋区でも、社会的弱者のための仕組みづくりは20年以上前から取り組まれており、東京都宅地建物取引業協会板橋支部は、区などと連携して高齢者や障害者の居宅確保のための情報ネットワークを確立している。

10. 人間力を育てる大切さ

　住宅は数十年いや、場合によっては数百年間も使い続けるものであるから、短期間で利益を上げて去るような住宅産業の経営では、消費者や居住者にとって迷惑千万でしかない。これまで見てきたように「居住福祉産業」は極めて範囲が広く多様であるが、地域社会と長期的に生き続けてもらわないと困るものである。そのためにも必要なのが、経済的な量的拡大に終始することなく、新しい技術を使い、創意と工夫を凝らし、「先人たちの知恵」も生かし、人の暮らしと心の安定をもたらす住居や住環境、福祉のシステムを開発し、その維持や改良を続けていくという姿勢である。それが、社会的な信用を生み、長続きする企業経営を実現することにつながる。それは、経営者とその従業員だけでなく、居住者とそれを取り巻く市民・住民の「人間力」を成長させる。小規模だとしてもそんな好循環をつくりだしてほしい。

　日本における人口の減少傾向は今後、むしろ本格化すると思われる。世界の巨大な市場に向けた経済競争は、インドや中国、インドネシアといった新興国と争ったとしても、「規模の経済性（費用逓減）」や労働賃金の安さで優位に立つこれらの国に比べて相対的に不利にならざるをえない。それに、先端科学技術の振興策はどの国も力を入れており日本が優位に立てる保障はない。日本は、エネルギーや物質的な資源を節約しながら農地や森林、海洋といった国内の資源を活用し、住まいをはじめとする生活や文化の質を高めることで国際社会の中での安定した地位を築くほかはない。それを実現していくための居住福祉産業の仕事は決して少なくはならない。

　例えば、ストックとしての文化性豊かな住宅を長く使い続けるためには、建物の補修やリノベーションを盛んにしなければならない。人口が減少すれ

ば、スプロール化した郊外の住宅地では高齢者などの孤立が進むと見られる。そうした住環境をどのようにコンパクトにまとめ、効率よい生活インフラや福祉サービスを実現させていくのか。一方、大都市の市街地では、木造密集住宅群や超高層ビルなど、過密化して防災上も危険な居住のあり方をどう変えていくのか。その解決策はさらなる過密化を呼びこむ可能性が高い超高層ビルではなく、人々が身の丈の暮らしができる住まいや生活環境をどう創造していくのか、といった課題が山積しているのである。

執筆者／執筆会社・団体一覧（執筆順、○印編者）

早川和男（はやかわ　かずお）……………………………………… 提言
　　日本居住福祉学会会長・神戸大学名誉教授

○鈴木靜雄（すずき　しずお）……………………………………… 序章
　　奥付編著者紹介参照

野老真理子（ところ　まりこ）…………………………………… 第1章1
　　大里綜合管理株式会社代表取締役
　　〒299-3236　千葉県大網白里市みやこ野2-3-1
　　Tel 0475-72-3473
　　E-mail info@ohsato.co.jp

水谷紀枝（みずたに　のりえ）…………………………………… 第1章2
　　チューリップ不動産株式会社代表取締役
　　〒176-0012　東京都練馬区豊玉北4-2-3
　　Tel 03-6914-7366
　　E-mail info@tulip-e.com

石井裕子（いしい　ゆうこ）……………………………………… 第1章3
　　大成有楽不動産株式会社　成長戦略推進部長
　　〒104-8330　東京都中央区京橋3-13-1 有楽ビル9F
　　Tel 03-3567-9415
　　E-mail y_ishi@yuraku.taisei.co.jp

戸倉蓉子（とくら　ようこ）……………………………………………… 第2章1
　　株式会社ドムスデザイン代表取締役
　　〒107-0062　東京都港区南青山2-22-2 KISビル2F
　　Tel 03-6406-2525
　　E-mail valvueup@domusde.com

佐々木道法（ささき　みちのり）………………………………………… 第2章2
　　イノーヴ株式会社取締役副社長
　　〒175-0094　東京都板橋区成増1-30-13
　　Tel 03-6479-1750
　　E-mail support@inovv.jp

鈴木雄二（すずき　ゆうじ）……………………………………………… 第3章1
　　株式会社リブラン代表取締役
　　〒173-0023　東京都板橋区大山町17-4
　　Tel 03-3972-0072
　　E-mail club@livlan.com

加賀谷慎二（かがや　しんじ）…………………………………………… 第3章2
　　株式会社アスコット代表取締役
　　〒106-0022 東京都新宿区新宿1-7-1新宿171ビル6F
　　Tel 03-5363-7762
　　E-mail inq_general@ascotcorp.co.jp

山本仁二（やまもと　じんじ）…………………………………………… 第3章3
　　不動建設株式会社代表取締役
　　〒174-0041　東京都板橋区舟渡1-14-23
　　Tel 03-3960-1811
　　E-mail info@fudo.com

中内啓夫（なかうち　あきお） ……………………………………………… 第4章1
　　ポラスグループ・ポラス株式会社取締役
　　　〒343-0845 埼玉県越谷市南越谷1-21-2 ポラスビル
　　　Tel 048-989-9111
　　　http://www.polus.co.jp

川野悠一（かわの　ゆういち） ……………………………………………… 第4章2
　　株式会社ビーバーハウス代表取締役
　　　〒547-0026 大阪市平野区喜連西4-7-28
　　　Tel 06-6704-7741
　　　E-mail career@beverhouse.net

南高夫（みなみ　たかお） …………………………………………………… 第5章1
　　アーバン新富オーナー・管理人
　　　〒453-0031 名古屋市中村区新富5-3-13
　　　Tel 052-482-5144

中村勝次（なかむら　かつじ） ……………………………………………… 第5章2
　　公益社団法人東京都宅地建物取引業協会板橋区支部副部長・社会貢献委員長
　　　〒173-0004 東京都板橋区板橋2-20-7 NTT板橋ビル1F西
　　　Tel 03-3579-4900
　　　E-mail info@takken-itabashi.jp

鯨井勇（くじらい　いさむ） ………………………………………………… 第5章3
　　株式会社藍設計室代表取締役
　　　〒189-0013 東京都東村山市栄町3-10-21 八坂駅前ビル3F
　　　Tel 042-398-5802
　　　E-mail forum@ainethome.com

米田淳（こめだ　あつし） …………………………………………………… 第5章4
　　大阪不動産コンサルティング事業協同組合理事

〒556-0004 大阪市浪速区日本橋東2-3-9
Tel 06-6636-1128
E-mail advice@re=consul-coop.com

○神野武美（じんの　たけよし）……………………………………………… 終章
　奥付編著者紹介参照

日本居住福祉学会のご案内

〔趣　　旨〕

　人はすべてこの地球上で生きています。安心できる「居住」は生存・生活・福祉の基礎であり、基本的人権です。私たちの住む住居、居住地、地域、都市、農山漁村、国土などの居住環境そのものが、人々の安全で安心して生き、暮らす基盤に他なりません。

　本学会は、「健康・福祉・文化環境」として子孫に受け継がれていく「居住福祉社会」の実現に必要な諸条件を、研究者、専門家、市民、行政等がともに調査研究し、これに資することを目的とします。

〔活動方針〕

(1) 居住の現実から「住むこと」の意義を調査研究します。
(2) 社会における様々な居住をめぐる問題の実態や「居住の権利」「居住福祉」実現に努力する地域を現地に訪ね、住民との交流を通じて、人権、生活、福祉、健康、発達、文化、社会環境等としての居住の条件とそれを可能にする居住福祉政策、まちづくりの実践等について調査研究します。
(3) 国際的な居住福祉に関わる制度、政策、国民的取り組み等を調査研究し、連携します。
(4) 居住福祉にかかわる諸課題の解決に向け、調査研究の成果を行政改革や政策形成に反映させるように努めます。

───学会事務局・入会申込先───

〒558-8585　大阪市住吉区杉本3-3-138
　　　　　　大阪市立大学　都市研究プラザ
　　　　　　全泓奎研究室気付
　　　TEL・FAX　06-6605-3447
　　　E-mail　jeonhg@ur-plaza.osaka-cu.ac.jp
　　　http://www.geocities.jp/housingwellbeing/
　　　郵便振替口座：00820-3-61783

編著者紹介

鈴木靜雄(すずき　しずお)

　日本居住福祉学会理事
　株式会社リブラン取締役会長
　〒173-0023 東京都板橋区大山町17-4
　Tel 03-3972-0072　Fax 03-3972-0606
　Email club@livlan.com

神野武美(じんの　たけよし)

　日本居住福祉学会理事
　フリーライター、元朝日新聞記者
　Email jinno-t@kcn.jp
　主な著書：『「居住福祉資源」の経済学』(居住福祉ブックレット18)
　　　　　　(東信堂、2009年)ほか

(居住福祉叢書①) 居住福祉産業への挑戦

2013年5月24日　　初　版第1刷発行	〔検印省略〕
	定価はカバーに表示してあります。

編著者ⓒ鈴木靜雄・神野武美／発行者　下田勝司　　印刷・製本／中央精版印刷株式会社

東京都文京区向丘1-20-6　　郵便振替 00110-6-37828
〒113-0023　TEL (03)3818-5521　FAX (03)3818-5514　　発行所　㈱ 東信堂
Published by TOSHINDO PUBLISHING CO., LTD.
1-20-6, Mukougaoka, Bunkyo-ku, Tokyo, 113-0023, Japan
E-mail : tk203444@fsinet.or.jp　http://www.toshindo-pub.com

ISBN978-4-7989-0178-7　C1336　　ⓒ S.SUZUKI, T.JINNO

― 東信堂 ―

〈居住福祉ブックレット〉

書名	著者	価格
居住福祉資源発見の旅…新しい福祉空間、懐かしい癒しの場	早川和男	七〇〇円
どこへ行く住宅政策…進む市場化、なくなる居住のセーフティネット	本間義人	七〇〇円
漢字の語源にみる居住福祉の思想	李 桓	七〇〇円
日本の居住政策と障害をもつ人	大本圭野	七〇〇円
障害者・高齢者と麦の郷のこころ…住民、そして地域とともに	伊藤静美	七〇〇円
地場工務店とともに:健康住宅普及への途	加田直人	七〇〇円
子どもの道くさ	山本里見	七〇〇円
居住福祉法学の構想	水月昭道	七〇〇円
奈良町の暮らしと福祉…市民主体のまちづくり	吉田邦彦	七〇〇円
精神科医がめざす近隣力再建	黒田睦子	七〇〇円
進む「子育て」砂漠化、はびこる「付き合い拒否」症候群	中澤正夫	七〇〇円
住むことは生きること…鳥取県西部地震と住宅再建支援	片山善博	七〇〇円
最下流ホームレス村から日本を見れば	ありむら潜	七〇〇円
世界の借家人運動…あなたは住まいのセーフティネットを信じられますか?	髙島一夫	七〇〇円
「居住福祉学」の理論的構築	張秀萍 柳中権	七〇〇円
居住福祉資源発見の旅Ⅱ…地域の福祉力・教育力・防災力	早川和男	七〇〇円
居住福祉の世界:早川和男対談集	早川和男	七〇〇円
医療・福祉の沢内と地域演劇の湯田…岩手県西和賀町のまちづくり	金持伸子 髙橋伸成	七〇〇円
「居住福祉資源」の経済学	神野武美	七〇〇円
長生きマンション・長生き団地	千代崎一夫 山下千佳	八〇〇円
高齢社会の住まいづくり・まちづくり	蔵田力	七〇〇円
シックハウス病への挑戦…その予防・治療・撲滅のために	後藤三郎	七〇〇円
韓国・居住貧困とのたたかい…居住福祉の実践を歩く	迎田允	七〇〇円
精神障碍者の居住福祉…宇和島における実践(二〇〇六~二〇一二)	全泓奎 財団法人正光会編	七〇〇円

〒113-0023 東京都文京区向丘1-20-6
TEL 03-3818-5521　FAX 03-3818-5514　振替 00110-6-37828
Email tk203444@fsinet.or.jp　URL·http://www.toshindo-pub.com/

※定価:表示価格(本体)+税